BUKU MASAKAN KEHIDUPAN CHUTNEY

Selami Seni Membuat Chutney dengan 100 Resipi Lazat

Mohd Nik Hafizhan Margono bin Jamaludin

Bahan Hak Cipta ©2024

Hak cipta terpelihara

Tiada bahagian buku ini boleh digunakan atau dihantar dalam apa jua bentuk atau dengan apa cara sekalipun tanpa kebenaran bertulis yang sewajarnya daripada penerbit dan pemilik hak cipta, kecuali petikan ringkas yang digunakan dalam semakan. Buku ini tidak boleh dianggap sebagai pengganti nasihat perubatan, undang-undang atau profesional lain.

ISI KANDUNGAN

ISI KANDUNGAN 3
PENGENALAN 6
CHUTNEY BUAH-BUAHAN 7
   1. Amaretto Cranberry Chutney 8
   2. Cranberry-Fig Chutney 10
   3. Chutney Buah Naga 12
   4. Cranberry Orange Chutney 14
   5. Cili Mangga Fijian Chutney 16
   6. Mango Chutney 18
   7. Chutney Tamarind Pedas Fijian 20
   8. Chutney Pic Pedas Dikultur 22
   9. Acar Buah Tin Dan Bawang Merah Chutney 24
  10. Elderberry Plum Chutney 26
  11. Pear Karamel Dan Chutney Delima 28
  12. Chutney Buah Tangy (Tapai) 30
  13. Gulai Buah Chutney 32
  14. Barbeku Buah-buahan Chutney 34
  15. Chutney Betik Masam Manis 36
  16. Apple&Prune Chutney 38
  17. Carambola Chutney 40
  18. Quince Chutney Berempah Buah Pelaga 42
  19. Banana Chutney 44
  20. Date&Orange Chutney 46
  21. Chutney Nanas Segar 48
  22. Lime Chutney 50
  23. Lime-Apple Chutney 52
  24. Apple Chutney salai 54
  25. Nectarine Chutney 56
  26. Quick Peach Chutney 58
  27. Chutney Mangga Berempah Buah Pelaga 60
  28. Tembikai Chutney Dengan Lada 62
  29. Plum Chutney Dengan Kismis 65
  30. Cuka Peach Chutney 68
  31. Garlicky Lime Chutney 71
  32. Nanas Dan Jalapeno Chutney 74
  33. Epal Berempah Dan Cranberry Chutney 76
  34. Chutney Mangga Manis dan Pedas 78
  35. Cherry And Balsamic Chutney 80
  36. Pear Dan Halia Chutney 82
  37. Chutney Plum Berempah 84
  38. Kiwi Dan Pineapple Chutney 86

CHUTNE SAYUR 88
  39. Terung Dan Tomato Chutney 89
  40. Rhubarb Chutney 92
  41. Bawang Chutney 94
  42. Zucchini Chutney 96
  43. Tomato Chutney Dengan Chile 98
  44. Lobak Merah Dan Halia Chutney 101
  45. Bell Pepper Chutney 103
  46. Chutney Kembang Kol Pedas 105
  47. Beetroot Chutney 107
  48. Bayam Dan Kacang Chutney 109
  49. Lobak Chutney 111
  50. Jagung Dan Tomato Chutney 113
  51. Chutney Kacang Hijau 115
  52. Chutney Tomato Hijau Pedas 117
  53. Labu Dan Kismis Chutney 119
  54. Bayam Dan Chutney Kelapa 121
  55. Lobak Dan Pudina Chutney 123
  56. Capsicum (Lada Loceng) Dan Tomato Chutney 125
  57. Terung Pedas (Terung) Chutney 127
  58. Chutney Lobak Pedas 129
  59. Tangy Ridge Gourd (Luffa) Chutney 131

CHUTNEY HERBA 133
  60. Fijian Cilantro And Lime Chutney 134
  61. Cilantro-Mint Chutney 136
  62. Ketumbar Kelapa Chutney 138
  63. Pineapple Mint Chutney 140
  64. Pucuk Halba Dan Tomato Chutney 142
  65. Ketumbar Chutney 144
  66. Basil Pesto Chutney 146
  67. Dill Dan Yogurt Chutney 148
  68. Parsley Dan Walnut Chutney 150
  69. Rosemary Dan Almond Chutney 152
  70. Pudina Dan Gajus Chutney 154
  71. Ketumbar Dan Chutney Kacang 156
  72. Chive And Walnut Chutney 158
  73. Sage Dan Hazelnut Chutney 160
  74. Lemon Thyme Chutney 162
  75. Tarragon Dan Pistachio Chutney 164
  76. Oregano Dan Walnut Chutney 166
  77. Sage Dan Pine Nut Chutney 168
  78. Rosemary Dan Bawang Putih Chutney 170
  79. Daun Kucai Dan Kulit Lemon 172

- 80. Sage Dan Lemon Thyme Chutney 174
- 81. Basil Dan Tomato Chutney Kering Matahari 176
- 82. Tarragon Dan Shallot Chutney 178
- 83. Lemon Verbena Dan Almond Chutney 180
- 84. Marjoram Dan Hazelnut Chutney 182
- 85. Oregano Dan Pecan Chutney 184

FLORAL CHUTNEY 186
- 86. Rose Hip Dan Sultanas Chutney 187
- 87. Lavender Dan Madu Chutney 189
- 88. Kelopak Mawar Dan Buah Pelaga Chutney 191
- 89. Elderflower Dan Lemon Chutney 193
- 90. Skuasy Blossom Chutney 195

CILI CHUTNEY 197
- 91. Chutney Cili Pedas 198
- 92. Habanero Apple Chutney 200
- 93. Cili Hijau Dan Ketumbar Chutney 202
- 94. Chutney Cili Manis 204
- 95. Chutney Cili Kelapa 206
- 96. Loceng Cili Chutney 208

CUTNEY KACANG 210
- 97. Peanut Chutney 211
- 98. Almond Chutney 213
- 99. Kacang Gajus Chutney 215
- 100. Chutney Walnut 217

PENUTUP 219

PENGENALAN

Selamat datang ke " BUKU MASAKAN KEHIDUPAN CHUTNEY: Menyelami Seni Pembuatan Chutney dengan 100 Resipi Lazat." Chutneys, dengan rasa yang berani, warna-warna cerah dan kegunaan serba boleh, merupakan asas masakan India dan perasa kegemaran yang dinikmati di seluruh dunia. Dalam buku masakan ini, kami menjemput anda untuk meneroka dunia pembuatan chutney yang kaya dan pelbagai, menemui 100 resipi lazat yang akan meningkatkan hidangan anda dan membangkitkan selera anda.

Chutneys adalah lebih daripada sekadar iringan; ia adalah perayaan rasa, keseimbangan dan tradisi. Dalam buku masakan ini, kita akan mendalami seni pembuatan chutney, daripada memilih bahan-bahan yang paling segar kepada mengimbangi rempah, kemanisan dan keasidan untuk mencipta gabungan rasa yang harmoni. Sama ada anda peminat kegemaran klasik seperti chutney mangga dan chutney pudina atau ingin mencuba kombinasi inovatif dan kelainan moden, anda akan mendapat banyak inspirasi dalam halaman ini.

Setiap resipi dalam buku masakan ini dibuat dengan teliti dan teliti terhadap perincian, memastikan setiap kumpulan chutney yang anda buat penuh dengan rasa dan keaslian. Daripada chutney tomato masam kepada chutney cili hijau pedas, daripada chutney nanas manis dan pedas kepada chutney kelapa aromatik, terdapat chutney untuk setiap selera dan setiap majlis.

Dengan arahan yang jelas, petua berguna dan fotografi yang menakjubkan, "BUKU MASAKAN KEHIDUPAN CHUTNEY" memudahkan anda menguasai seni membuat chutney di dapur anda sendiri. Sama ada anda menghidangkan chutney sebagai iringan hidangan India kegemaran anda, memasukkannya ke dalam sandwic dan bungkus, atau menggunakannya untuk menambah rasa pada perapan dan sos, resipi ini pasti menarik perhatian dan menggembirakan.

CHUTNEY BUAH-BUAHAN

1. Amaretto Cranberry Chutney

BAHAN-BAHAN:
- 1 cawan cranberi segar
- ¼ cawan minuman keras Amaretto
- ¼ cawan cuka sari apel
- ¼ cawan madu
- ¼ cawan bawang cincang
- 1 sudu besar halia segar parut
- ¼ sudu teh kayu manis
- Garam dan lada sulah secukup rasa

ARAHAN:
a) Dalam periuk sederhana, satukan cranberi, Amaretto, cuka sari apel, madu, bawang, halia, kayu manis, garam dan lada.
b) Didihkan dengan api sederhana, kacau sekali-sekala.
c) Masak sehingga cranberry telah pecah dan adunan telah menjadi pekat kira-kira 10-15 minit.
d) Sesuaikan perasa secukup rasa, tambah garam atau madu jika mahu.
e) Hidangkan sebagai perasa untuk daging panggang atau sebagai sapuan untuk sandwic.

2. Cranberry-Fig Chutney

BAHAN-BAHAN:
- 4 cawan Cranberry, dicincang kasar
- 1 tombol satu inci akar halia, dikupas dan dicincang halus
- 1 oren pusat besar, dibelah empat dan dicincang halus
- 1 biji Bawang besar, dihiris halus
- ½ cawan kismis kering
- 5 buah tin kering, dihiris halus
- ½ cawan Walnut, dibakar dan dicincang kasar
- 2 sudu besar biji sawi
- 2 sudu besar cuka sider
- ¾ cawan wiski Bourbon atau Scotch (pilihan)
- 1½ cawan gula perang ringan
- 2 sudu teh kayu manis dikisar
- 1 sudu teh pala dikisar
- ½ sudu teh bunga cengkih dikisar
- ½ sudu teh Garam
- ⅛ sudu teh lada cayenne

ARAHAN:
a) Dalam periuk 4 liter, satukan cranberi yang dicincang kasar, halia yang dicincang halus, oren pusar yang dicincang halus, bawang besar dadu, kismis kering, buah tin kering yang dihiris, kacang kenari yang dibakar dan dicincang, biji sawi, halia yang dicincang, cuka sider dan wiski (jika menggunakan).
b) Dalam mangkuk kecil, campurkan gula perang, kayu manis, pala, cengkih, garam dan lada cayenne dengan teliti.
c) Masukkan bahan kering dari mangkuk kecil ke dalam periuk bersama bahan-bahan lain. Kacau untuk menggabungkan semuanya.
d) Panaskan adunan sehingga mendidih.
e) Kecilkan api dan biarkan chutney mendidih selama 25-30 minit, kacau selalu.
f) Setelah selesai, biarkan chutney sejuk, dan kemudian simpan dalam peti sejuk sehingga 2 minggu. Sebagai alternatif, ia boleh dibekukan sehingga 1 tahun.
g) Nikmati cranberry fig Chutney yang lazat!

3.Chutney Buah Naga

BAHAN-BAHAN:
- 1 buah naga, potong dadu
- 1 sudu besar minyak sayuran
- 1 bawang kecil, dicincang halus
- 2 ulas bawang putih, dikisar
- 1 sudu besar halia parut
- ¼ cawan gula perang
- ¼ cawan cuka sari apel
- ¼ sudu teh kayu manis tanah
- Garam dan lada sulah secukup rasa

ARAHAN:
a) Panaskan minyak dalam periuk sederhana dengan api sederhana.
b) Masukkan bawang, bawang putih, dan halia, dan tumis sehingga bawang lembut dan lut sinar, kira-kira 5 minit.
c) Masukkan buah naga yang dipotong dadu, gula perang, cuka epal, kayu manis, garam dan lada sulah.
d) Didihkan, kemudian kecilkan api dan biarkan mendidih sehingga sos pekat dan buah naga lembut kira-kira 15-20 minit.
e) Hidangkan sebagai perasa untuk daging panggang atau sebagai sos pencicah untuk lumpia.

4. Cranberry Orange Chutney

BAHAN-BAHAN:
- 24 auns kranberi keseluruhan , dibilas
- 2 cawan bawang putih , dicincang
- 4 sudu teh halia , dikupas, parut
- 2 cawan kismis emas
- 1 1/2 cawan gula putih
- 2 cawan 5% cuka suling putih
- 1 1/2 cawan gula perang
- 1 cawan jus oren
- 3 batang kayu manis

ARAHAN:
a) Satukan semua bahan menggunakan ketuhar Belanda . Rebus tinggi ; reneh selama 15 minit .
b) Keluarkan batang kayu manis dan buang.
c) Isikan ke dalam balang, tinggalkan 1/2 inci ruang .
d) Lepaskan gelembung udara.
e) Tutup balang dengan ketat, kemudian panaskan selama 5 minit dalam tab mandi air.

5.Cili Mangga Fijian Chutney

BAHAN-BAHAN:
- 2 biji mangga masak, dikupas, diadu, dan dipotong dadu
- ½ cawan gula
- ¼ cawan cuka
- 2-3 lada cili merah, dihiris halus (sesuaikan mengikut citarasa anda)
- ½ sudu teh halia, parut
- ½ sudu teh bunga cengkih kisar
- Garam secukup rasa

ARAHAN:
a) Dalam periuk, satukan mangga, gula, cuka, cili merah, halia, bunga cengkih yang dikisar dan secubit garam.
b) Masak dengan api perlahan, kacau sekali-sekala, sehingga adunan pekat dan mangga empuk.
c) Biarkan chutney sejuk dan kemudian simpan dalam balang. chutney mangga pedas ini sesuai untuk menambah hidangan manis dan pedas pada hidangan anda.

6.Mango Chutney

BAHAN-BAHAN:
- 11 cawan mangga yang belum masak dicincang
- 2 1/2 Sudu besar halia segar parut
- 4 1/2 cawan gula
- 1 sudu teh garam pengetinan
- 1 1/2 Sudu Besar bawang putih segar dicincang
- 3 cawan 5% cuka suling putih
- 2 1/2 cawan s bawang kuning, dicincang
- 2 1/2 cawan kismis emas
- 4 sudu kecil serbuk cili r

ARAHAN:
a) Satukan gula dan cuka dalam a periuk stok. Bawa 5 minit. Masukkan semua bahan lain .
b) Reneh selama 25 minit, bergerak secara sporadis .
c) Isikan adunan ke dalam balang, tinggalkan 1/2 inci ruang . Lepaskan gelembung udara.
d) Tutup balang dengan ketat, kemudian panaskan selama 5 minit dalam tab mandi air.

7.Chutney Asam Pedas Fijian

BAHAN-BAHAN:
- 1 cawan pulpa asam jawa
- ½ cawan gula perang
- ¼ cawan air
- 2-3 ulas bawang putih, dikisar
- 1-2 biji cili merah, dihiris halus (sesuaikan mengikut citarasa anda)
- Garam secukup rasa

ARAHAN:
a) Dalam periuk, satukan pulpa asam jawa, gula perang, air, bawang putih yang dikisar, dan lada cili yang dicincang.
b) Masak dengan api perlahan, kacau berterusan, sehingga adunan pekat dan gula larut.
c) Perasakan dengan garam secukup rasa.
d) Biarkan chutney sejuk, kemudian hidangkan sebagai pembuka selera pedas Fiji. Ia dipadankan dengan snek goreng atau panggang.

8.Chutney Pic Pedas yang dibudayakan

BAHAN-BAHAN:
- ½ bawang kecil, dicincang (kira-kira ⅓ cawan dicincang) dan tumis
- 2 pic sederhana, diadu dan dicincang kasar
- ½ sudu teh garam laut yang tidak ditapis
- Secubit lada hitam
- ⅛ sudu teh bunga cengkih
- ¼ sudu teh serbuk kunyit
- ½ sudu teh ketumbar kisar
- ½ sudu teh kayu manis
- 1 lada cayenne, dikeringkan dan dihancurkan
- 3 sudu besar whey, 2 kapsul probiotik, atau ½ sudu teh serbuk probiotik

ARAHAN:
a) Satukan semua bahan dalam mangkuk; jika anda menggunakan kapsul probiotik, kosongkan kandungannya ke dalam campuran buah, dan buang cangkerang kapsul kosong.
b) Gaul hingga sebati. Tuangkan campuran ke dalam balang mason setengah liter dengan penutup, tutup, dan biarkan pada suhu bilik selama kira-kira dua belas jam.
c) Sejukkan, di mana ia harus disimpan selama kira-kira empat hari.

9.Acar Buah Tin Dan Bawang Merah Chutney

BAHAN-BAHAN:
- 2 cawan buah ara segar, dibelah empat
- 1 biji bawang merah besar, hiris nipis
- 1 cawan cuka wain merah
- 1/2 cawan madu
- 1 sudu kecil biji sawi
- 1/2 sudu kecil lada hitam
- Secubit garam

ARAHAN:
a) Dalam periuk, satukan buah ara yang dibelah empat, bawang merah yang dihiris nipis, cuka wain merah, madu, biji sawi, lada hitam dan secubit garam.
b) Biarkan adunan mendidih dan masak sehingga buah tin dan bawang lembut.
c) Biarkan chutney sejuk sebelum memindahkannya ke balang yang bersih. Tutup dan sejukkan.

10. Elderberry Plum Chutney

BAHAN-BAHAN:
- ½ cawan bawang merah, dicincang
- 1 sudu besar minyak zaitun
- 4 buah plum gelap, diadu dan dicincang (kira-kira 2 cawan)
- ½ cawan pinggul mawar kering (atau kismis)
- ¾ cawan gula
- 1 sudu teh kayu manis tanah
- ½ sudu teh halia kisar
- ½ sudu teh bunga cengkih kering
- 1 cawan Cuka Elderberi

ARAHAN:

a) Dalam periuk 2 liter, tumis bawang dalam minyak zaitun dengan api sederhana, kacau sentiasa sehingga lut sinar, kira-kira 5 minit.

b) Masukkan plum, pinggul mawar, gula, kayu manis, halia, cengkih, dan cuka elderberry. Kecilkan api kepada sederhana-rendah dan masak, tidak bertutup, sehingga buah telah runtuh dan adunan telah menjadi pekat, kira-kira 25 minit. Kacau selalu untuk mengelakkan melekat.

c) Biarkan chutney sejuk, dan masukkan ke dalam balang mason saiz pint. Simpan di dalam peti sejuk sehingga 6 bulan (jika anda tidak memakannya dahulu!)

d) PETUA KESIHATAN: Makanan berpigmen merah gelap, biru dan ungu secara semula jadi tinggi dengan antioksidan bermanfaat yang dipanggil anthocyanin, yang bermanfaat untuk kesihatan kardiovaskular, pencegahan kanser dan mengawal paras glukosa. Elderberry secara khusus berada di bahagian atas senarai saya untuk pencegahan selesema dan selesema kerana tahap aktiviti antivirus yang tinggi. Persediaan Elderberry, seperti teh, sirap, cuka, pokok renek, dan jeli, boleh menggalakkan kesihatan pernafasan, melegakan keradangan saluran pernafasan atas, dan bertindak sebagai ekspektoran untuk paru-paru yang sesak.

11. Pear Karamel Dan Chutney Delima

BAHAN-BAHAN:
- 2 biji pir masak besar (dikupas, dibuang biji dan dipotong dadu)
- 1 cawan aril delima
- ½ cawan gula perang
- ¼ cawan cuka sari apel
- 1 sudu teh kayu manis tanah
- ½ sudu teh halia kisar
- ¼ sudu teh cengkih kisar
- Secubit garam
- 1 sudu besar minyak zaitun

ARAH:
a) Dalam kuali, panaskan minyak zaitun dengan api sederhana. Masukkan pear yang dipotong dadu dan tumis selama 3-4 minit sehingga ia lembut.
b) Taburkan gula perang ke atas pir dan teruskan masak, kacau kerap, sehingga gula menjadi karamel dan menyaluti pir, kira-kira 5-7 minit. Tuangkan cuka sari apel, kacau untuk mencairkan kuali.
c) Masukkan aril delima, kayu manis yang dikisar, halia yang dikisar, bunga cengkih yang dikisar, dan secubit garam. Kacau hingga sebati.
d) Kecilkan api dan reneh selama 10 minit tambahan, atau sehingga chutney pekat.
e) Keluarkan dari haba dan biarkan chutney sejuk sebelum memindahkannya ke dalam balang atau bekas.

12. Chutney Buah Tangy (Tapai).

BAHAN-BAHAN:
- 3–4 epal yang dikupas, dicincang, pic, atau ½ buah nanas yang dicincang
- ½ cawan setiap aprikot cincang kering, prun, kismis kuning, cranberi, ceri, pecan
- 1 batang daun bawang yang dihiris
- Jus dua biji limau
- ¼ cawan whey, disalirkan daripada yogurt atau air kefir atau kombucha (memastikan penapaian yang baik)
- 2 sudu teh garam laut
- 1 sudu teh kayu manis
- ⅛ sudu teh serpihan lada merah
- Air atau air kelapa untuk menutup

ARAHAN:
a) Dalam mangkuk besar, kacau semua bahan, kecuali air.
b) Pek ke dalam balang kaca bersih, tinggalkan satu atau dua inci ruang di bahagian atas.
c) Tutup dan rehatkan pada suhu bilik selama 2-3 hari.
d) Simpan di dalam peti sejuk sehingga sebulan atau bekukan.

13. Gula-gula Buah Chutney

BAHAN-BAHAN:
- 2 cawan buah manisan campuran, dicincang
- 1 cawan aprikot kering, dicincang
- 1/2 cawan kismis
- 1 cawan gula perang
- 1 cawan cuka epal
- 1 sudu teh halia kisar
- 1/2 sudu teh kayu manis tanah
- Secubit lada cayenne (pilihan)

ARAHAN:
a) Dalam periuk, satukan semua bahan dan biarkan mendidih.
b) Kecilkan api dan reneh selama 30-40 minit atau sehingga chutney pekat.
c) Biarkan ia sejuk sebelum dihidangkan.
d) Chutney ini sangat sesuai dengan daging panggang, keju atau sebagai taburan pada sandwic.

14. Barbeku Buah-buahan Chutney

BAHAN-BAHAN:
- 16 biji Bawang merah kecil
- 1¼ cawan wain putih kering
- 4 s sederhana Aprikot
- 2 buah pic besar
- 2 tomato plum keseluruhan
- 12 Prun keseluruhan
- 2 ulas bawang putih s sederhana
- 2 sudu besar kicap natrium rendah
- ½ cawan gula perang gelap
- ¼ sudu kecil Serpihan lada merah

ARAHAN:
a) Dalam periuk kecil, campurkan bawang merah dan wain; masak sehingga mendidih dengan api yang tinggi.
b) Kecilkan api ke sederhana rendah dan biarkan mendidih, nyah tutup dengan penutup , sehingga bawang merah lembut, 15 hingga 20 minit
c) Campurkan baki bahan dalam periuk besar, masukkan bawang merah dan wain, dan biarkan mendidih dengan api yang tinggi. Kecilkan api kepada sederhana ; masak sehingga buah-buahan hancur tetapi masih agak ketul, 10 hingga 15 minit. Biarkan sejuk.
d) Bergerak pecahan sos kepada pemproses makanan dan puri. Gunakan ini sebagai air garam

15. Chutney Betik Masam Manis

BAHAN-BAHAN:
- 1 buah betik (segar; masak atau tempayan)
- 1 biji bawang merah kecil;Bersegmen sangat nipis
- 1 Tomato sederhana- (hingga 2);berbiji, dipotong dadu kecil
- ½ cawan daun bawang berpecah belah
- 1 biji nanas kecil; dipotong menjadi kepingan
- 1 sudu besar Madu
- Garam; secukup rasa
- Lada hitam yang baru dikisar;secukup rasa
- ½ jalapeno segar; dipotong dadu halus

ARAHAN:
Campurkan dalam pengadun

16. Apple & Prune Chutney

BAHAN-BAHAN:
- 700 Gr.(1 paun,8 oz.)epal, dikupas, dibuang inti dan dipotong dadu
- 1250 Gr.(2 paun,11 oz.)prun
- 450 Gr.(1 paun) bawang besar, dikupas dan dipotong dadu
- 2 cawan Sultanas
- 2 cawan cuka epal
- 2⅔ cawan gula perang lembut
- 1 sudu besar Garam
- 1 sudu kecil dikisar, lada sulah
- 1 sudu teh halia dikisar
- ¼ sudu kecil Pala dikisar
- ¼ sudu kecil lada cayenne kisar
- ¼ sudu kecil Bunga cengkih dikisar
- 2 sudu kecil biji sawi
- Balang kaca yang disterilkan

ARAHAN:
Didihkan semua bahan dalam kuali yang agak besar. Kecilkan api. Reneh lebih kurang 2 jam.
Apabila adunan sudah cukup pekat, tuangkan chutney ke dalam balang yang telah disterilkan dan tutupnya dengan segera.

17. Carambola Chutney

BAHAN-BAHAN:
- 2 cawan Carambola(buah belimbing)dipotong dadu(3/4 lb)
- ¼ cawan Gula
- ½ cawan wain merah kering
- 1 sudu besar Halia, dikupas dan dipotong dadu halus
- ¼ sudu kecil Bunga cengkih dikisar
- 2 sudu besar cuka wain putih

ARAHAN:
Campurkan semua bahan dalam periuk sederhana dan kacau rata. Didihkan dengan api sederhana -besar dan masak selama 25 minit atau sehingga pekat sedikit.

18. Quince Chutney Berempah Buah Pelaga

BAHAN-BAHAN:
- 2 quince, dikupas, dibuang biji, dan dipotong dadu
- 1 biji bawang, dicincang halus
- 1/2 cawan gula perang
- 1/4 cawan cuka epal
- 1 sudu teh buah pelaga yang dikisar
- 1/2 sudu teh kayu manis tanah
- 1/4 sudu teh bunga cengkih kisar
- Secubit garam

ARAHAN:
a) Dalam periuk, satukan quince dadu, bawang cincang, gula perang, cuka sari apel, buah pelaga yang dikisar, kayu manis yang dikisar, bunga cengkih yang dikisar dan secubit garam.
b) Bawa adunan hingga mendidih, kemudian kecilkan api dan masak selama kira-kira 30-40 minit atau sehingga quince lembut dan chutney pekat.
c) Sesuaikan rasa manis dan perasa secukup rasa.
d) Biarkan chutney quince sejuk sebelum dihidangkan. Ia sesuai dengan keju, daging panggang, atau sebagai perasa untuk sandwic.

19. Banana Chutney

BAHAN-BAHAN:
- 6 Pisang
- 1 cawan bawang cincang
- 1 cawan Kismis
- 1 cawan epal tart cincang
- 1 cawan cuka epal
- 2 cawan Gula
- 1 sudu besar Garam
- 1 sudu teh halia dikisar
- 1 sudu teh Pala
- ¼ cawan Lada Cayenne
- ⅓ cawan jus lemon
- 3 Ulas bawang putih dikisar

ARAHAN:

Kupas dan tumbuk pisang. Dalam periuk besar campurkan semua bahan. Bakar dalam panggangan 350~ selama kira-kira 2 jam, kacau sekali-sekala.

Apabila pekat, masukkan ke dalam balang steril dan tutup.

20. Tarikh&Oren Chutney

BAHAN-BAHAN:
- 1 paun oren yang tidak dirawat
- 3½ cawan Gula
- 7 sudu besar Sirap emas
- 2 sudu besar Garam kasar
- ¼ sudu kecil Cili kering;ditumbuk
- 6¾ cawan cuka malt
- 1 paun Bawang; dipotong dadu
- 1 paun Kurma; direjam dan dipotong dadu
- 1 paun Kismis

ARAHAN:
Parut kulit oren dan ketepikan. Keluarkan empulur dari oren dan buang bijinya. Cincang halus daging oren. Dalam periuk keluli tahan karat yang besar, campurkan gula, sirap, garam, cili dan cuka.
Didihkan dengan api yang tinggi, kacau untuk melarutkan gula. Masukkan oren, bawang, kurma, kismis, dan pecahan kulit parut. Kecilkan api dan renehkan sehingga pekat, kira-kira 1 jam. Kacau dalam kulit oren yang tinggal .

21. Chutney Nanas Segar

BAHAN-BAHAN:
- 1 Lg.(6-7 lb) nanas segar
- 1 sudu besar Garam
- ½Lg.ulas bawang putih,tumbuk
- 1¾cawan kismis tanpa biji
- 1¼ cawan gula perang ringan
- 1 cawan cuka cider
- 2 batang kayu manis 2 inci
- ¼sudu kecil Bunga cengkih dikisar

ARAHAN:

Kupas, belah dan cincang halus nanas. percikkan dengan garam dan biarkan berehat 1½jam. Toskan.

Letakkan bawang putih dan kismis melalui pencincang makanan menggunakan bilah sederhana . Masukkan ke dalam nanas.

Campurkan gula, cuka dan rempah dalam periuk dan masak sehingga mendidih. Masukkan campuran buah dan masak dengan api sederhana sehingga pekat, kira-kira 45 minit. Senduk ke dalam balang ping pecahan yang telah disterilkan dan tutup sekali gus.

22. Lime Chutney

BAHAN-BAHAN:
- 12 limau nipis
- 2 biji bawang putih
- 4 inci halia
- 8 biji cili hijau
- 1 sudu besar serbuk cili
- 12 sudu besar Gula
- 1 cawan Cuka

ARAHAN:
a) Bersihkan limau nipis dan potong kecil-kecil, buang bijinya. Simpan jus limau nipis yang terkumpul semasa mencincang. Potong halus bawang putih, halia dan cili.
b) Campurkan semua bahan kecuali cuka. Masak dengan api perlahan sehingga adunan pekat.
c) Masukkan cuka dan reneh selama 5 minit.
d) Sejukkan dan botol. Makan selepas 3-4 minggu.

23. Lime-Apple Chutney

BAHAN-BAHAN:
- ¼ cawan jus limau nipis segar
- 1 sudu besar Garam
- 1 Bawang kecil; sangat halus
- 1½ paun Tart epal hijau
- ¼ sudu kecil Serpihan lada cili merah
- 1½ sudu teh Madu
- ¼ cawan kelapa parut tanpa gula

ARAHAN:

Dalam hidangan tidak reaktif, campurkan jus limau nipis dan garam dan kacau sehingga garam larut.

Masukkan bawang, epal, serpihan lada panas, madu dan kelapa. Kacau hingga sebati, kemudian Tutup dengan penutup dan biarkan berehat sekurang-kurangnya 10 minit sebelum Bahagian .

24. Apple Chutney salai

BAHAN-BAHAN:
- 4 paun epal Granny Smith, dikupas dan Disegmen
- 1 Lada Loceng Merah atau Hijau yang besar, dibiji dan dipotong dadu
- 2 biji bawang kuning besar, dipotong dadu
- 1 ulas bawang putih besar, dikisar
- 1 2" keping Halia Segar, Bersegmen nipis
- 2 sudu besar biji sawi kuning
- ½ cawan cuka sider
- ¼ cawan Air
- 1 cawan Gula Perang, dibungkus
- ¾ cawan Kismis atau Arus

ARAHAN:

Campurkan semua bahan dalam periuk.

Kacau hingga sebati. Letakkan di atas rak perokok. Tutup dengan penutup perokok dan asap 4 hingga 5 jam, kacau chutney sekali-sekala. Tambahkan lebih banyak air jika perlu. Sebarang baki boleh disimpan dalam Tutup dengan penutup balang di dalam peti sejuk selama beberapa minggu.

25. Nectarine Chutney

BAHAN-BAHAN:
- 1 cawan gula perang (dibungkus)
- ½ cawan cuka sider
- 4 Nektarin, dikupas dan dipotong dadu (sehingga 5)
- 1 cawan Kismis
- 1 biji limau penuh, Serbuk
- 1 buah lemon utuh, dikupas, dibuang biji dan dipotong dadu
- 2 sudu besar Halia segar, dikisar
- 1 ulas bawang putih besar, dikisar
- ½ sudu teh serbuk kari
- ¼ sudu kecil Cayenne

ARAHAN:
Dalam periuk sederhana, tidak reaktif, masak cuka dan gula perang di atas api sederhana, kacau untuk melarutkan gula. Didihkan. Masukkan baki bahan.

Rebus selama 3 hingga 5 minit. Keluarkan dari haba dan sejukkan. Sejukkan 2 minggu atau boleh. Hidangkan bersama ayam, daging babi atau ham.

26. Pantas Peach Chutney

BAHAN-BAHAN:
- 2 tin pic terbahagi dalam jus;(16 oz)Jus simpanan
- ¼ cawan Ditambah 1 sudu besar cuka wain putih
- ¼ cawan Gula
- ½ cawan bawang besar; dipotong dadu halus
- 1 Jalapeno kecil, bertangkai, berbiji; dipotong dadu halus
- ½ sudu teh jintan halus
- ¼sudu kecil Kunyit
- ¼sudu kecil kayu manis tanah
- ⅓cawan kismis emas

ARAHAN:
a) Dalam periuk bukan aluminium bersaiz sederhana , campurkan cuka, gula, bawang merah dan jalapeno. Kacau dengan api sederhana - perlahan 3 minit.
b) Proses pic yang telah dikeringkan menjadi puri kasar dalam pemproses makanan. Masukkan ke dalam periuk dengan ¼ cawan jus pic yang dikhaskan, jintan putih, kunyit, kayu manis dan kismis.
c) Didihkan, kecilkan api dan reneh selama 20 minit, kacau selalu.
d) Alihkan chutney ke dalam hidangan. Hidangkan hangat atau pada suhu bilik.

27. Chutney Mangga Berempah Pelaga

BAHAN-BAHAN:
- 2 cawan mangga masak dadu
- 1/2 cawan bawang merah yang dihiris
- 1/4 cawan kismis
- 1/2 cawan gula perang
- 1/2 cawan cuka epal
- 1 sudu teh buah pelaga yang dikisar
- 1/2 sudu teh halia kisar
- 1/4 sudu teh serpihan lada merah (pilihan)
- Garam secukup rasa

ARAHAN:
a) Dalam periuk, satukan mangga potong dadu, bawang merah, kismis, gula perang, cuka sari apel, buah pelaga, halia yang dikisar dan kepingan lada merah.
b) Biarkan adunan mendidih, kemudian kecilkan api dan reneh selama kira-kira 30-40 minit atau sehingga chutney pekat.
c) Perasakan dengan garam secukup rasa.
d) Biarkan chutney sejuk sebelum dihidangkan. Ia sesuai dengan daging panggang, kari, atau sebagai perasa untuk sandwic.

28. Chutney Tembikai Dengan Lada

BAHAN-BAHAN:
- Kulit 1 tembikai sederhana (6 hingga 8 paun / 2.7 hingga 3.6 kg), dicincang menjadi kepingan ½ inci (4 cawan)
- 1 bawang besar manis, dicincang halus (1½ cawan)
- 1 lada benggala kuning besar, dicincang halus (1 cawan)
- 3 lada serrano, dibiji dan dicincang halus (½ cawan)
- ¼ cawan parut halia segar yang dikupas (kira-kira 6 inci)
- 1½ cawan cuka wain putih
- 1½ cawan gula
- 1 sudu besar biji sawi
- 2 sudu kecil kunyit kisar
- 1 sudu teh garam

ARAHAN:

a) Resipi ini dibungkus panas, jadi letakkan balang bersih di dalam air panas. Dalam periuk yang lebih kecil, masukkan penutup dan cincin, 1 sudu besar cuka putih suling, dan air untuk menutup. Rebus selama 5 minit, kemudian keluarkan dari api dan ketepikan.

b) Dalam periuk besar, satukan kulit tembikai, bawang, lada benggala, serranos, halia, cuka, gula, biji sawi, kunyit dan garam. Gaul sebati. Didihkan dengan api sederhana besar, kacau selalu. Kurangkan haba kepada rendah; reneh selama 1 jam, kacau selalu.

c) Letakkan balang panas di atas papan pemotong. Menggunakan corong, masukkan chutney panas ke dalam balang, tinggalkan ruang kepala ½ inci. Keluarkan sebarang buih udara dan tambah chutney tambahan jika perlu untuk mengekalkan ruang kepala ½ inci.

d) Lap tepi setiap balang dengan kain lap hangat yang dicelup dalam cuka putih suling. Letakkan penutup dan cincin pada setiap balang dan ketatkan tangan.

e) Letakkan balang di dalam pemandian air, pastikan setiap balang diliputi oleh sekurang-kurangnya 1 inci air. Masukkan 2 sudu besar cuka putih suling ke dalam air dan panaskan api.

f) Didihkan dan proses kedua-dua pain dan setengah pain selama 10 minit.

g) Pastikan anda tidak memulakan pemasa anda sehingga air mendidih sepenuhnya. Selepas pemprosesan, tunggu 5 minit sebelum mengeluarkan balang dari pengetinan.

29. Plum Chutney Dengan Kismis

BAHAN-BAHAN:
- 3 paun (1.4 kg) plum (20 sederhana), diadu dan dicincang (10 cawan)
- 2 cawan gula perang ringan atau gelap yang dibungkus
- 2 cawan cuka epal
- 2 cawan kismis
- 1 bawang besar, dicincang halus (1 cawan)
- 2 sudu teh halia segar yang dikisar
- 2 sudu besar biji sawi
- ½ sudu teh garam
- 1 ulas bawang putih, dikisar

ARAHAN:

a) Resipi ini dibungkus panas, jadi letakkan balang bersih di dalam air panas. Dalam periuk yang lebih kecil, masukkan penutup dan cincin, 1 sudu besar cuka putih suling, dan air untuk menutup. Rebus selama 5 minit, kemudian keluarkan dari api dan ketepikan.

b) Dalam periuk besar, satukan plum, gula perang, cuka, kismis, bawang merah, halia, biji sawi, garam dan bawang putih. Gaul sebati. Didihkan dengan api sederhana besar, kacau selalu. Kecilkan api dan reneh selama 30 minit, kacau selalu untuk mengelakkan hangus.

c) Letakkan balang panas di atas papan pemotong. Menggunakan corong, masukkan chutney panas ke dalam balang, tinggalkan ruang kepala ½ inci. Keluarkan sebarang buih udara dan tambah chutney tambahan jika perlu untuk mengekalkan ruang kepala ½ inci.

d) Lap tepi setiap balang dengan kain lap hangat yang dicelup dalam cuka putih suling. Letakkan penutup dan cincin pada setiap balang dan ketatkan tangan.

e) Letakkan balang di dalam pemandian air, pastikan setiap balang diliputi oleh sekurang-kurangnya 1 inci air. Masukkan 2 sudu besar cuka putih suling ke dalam air dan panaskan api. Didihkan dan proses kedua-dua pain dan setengah pain selama 10 minit. Pastikan anda tidak memulakan pemasa anda sehingga air mendidih sepenuhnya.

f) Selepas pemprosesan, tunggu 5 minit sebelum mengeluarkan balang dari pengetinan.

30. Cuka Peach Chutney

BAHAN-BAHAN:
- 5 paun (2.3 kg) pic kuning, atau nektarin, dikupas, diadu dan dipotong menjadi dadu ½ inci
- 2 cawan gula
- 1½ cawan cuka sari apel
- 1 cawan bawang manis dicincang
- ¾ cawan kismis
- 2 atau 3 lada jalapeno, dipotong dadu
- 1 lada pisang manis, atau ½ lada benggala kuning, dipotong dadu
- 3 sudu besar biji sawi
- 2 sudu besar halia segar parut
- 2 ulas bawang putih, dikisar
- 1 sudu teh garam masala
- ½ sudu teh kunyit kisar

ARAHAN:

a) Sediakan mandian air panas. Letakkan balang di dalamnya supaya tetap hangat. Basuh penutup dan cincin dalam air panas, sabun, dan ketepikan.

b) Dalam periuk dalam atau periuk pengawet yang ditetapkan di atas api sederhana, satukan pic, gula, cuka sari, bawang merah, kismis, jalapeno, lada pisang, biji sawi, halia, bawang putih, garam masala dan kunyit. Perlahan-lahan biarkan mendidih, kacau kerap. Kecilkan api menjadi rendah. Reneh selama 1 jam, atau sehingga pekat.

c) Sendukkan chutney ke dalam balang yang disediakan, tinggalkan ¼ inci ruang kepala. Gunakan perkakas bukan logam untuk melepaskan sebarang buih udara. Lap rim sehingga bersih dan tutup dengan penutup dan cincin.

d) Proseskan balang dalam tab mandi air panas selama 10 minit. Tutup api dan biarkan balang berada di dalam tab mandi air selama 10 minit.

e) Keluarkan balang dari pengetin air panas dengan berhati-hati. Ketepikan untuk menyejukkan selama 12 jam.

f) Periksa penutup untuk pengedap yang betul. Tanggalkan cincin, lap balang, label dan tarikhkannya, dan pindahkan ke almari atau pantri.

g) Untuk rasa yang terbaik, biarkan chutney mengeras selama 3 hingga 4 minggu sebelum dihidangkan. Sejukkan mana-mana balang yang tidak tertutup dengan betul, dan gunakan dalam masa 6 minggu. Balang yang ditutup dengan betul akan bertahan di dalam almari selama 12 bulan. Setelah dibuka, simpan dalam peti sejuk dan makan dalam masa 6 minggu.

31. Garlicky Lime Chutney

BAHAN-BAHAN:
- 12 biji limau purut, gosok dan potong dadu ½ inci
- 12 ulas bawang putih, hiris nipis memanjang
- 1 (4 inci) keping halia segar, dikupas dan dihiris nipis
- 8 lada cili hijau (jalapeños atau serranos), bertangkai, dibiji dan dihiris nipis
- 1 sudu besar serbuk cili
- 1 cawan cuka putih suling
- ¾ cawan gula

ARAHAN:
a) Sediakan mandian air panas. Letakkan balang di dalamnya supaya tetap hangat. Basuh penutup dan cincin dalam air panas, sabun, dan ketepikan.
b) Dalam periuk sederhana, satukan limau nipis, bawang putih, halia, cili, dan serbuk cili, kacau rata, dan biarkan mendidih.
c) Masukkan cuka dan gula, kembali mendidih, dan masak, kacau sekali-sekala, sehingga limau lembut dan adunan cukup pekat untuk bertimbun apabila dijatuhkan dari sudu, kira-kira 70 minit. Keluarkan dari api.
d) Sendukkan chutney ke dalam balang yang disediakan, tinggalkan ¼ inci ruang kepala. Gunakan perkakas bukan logam untuk melepaskan sebarang buih udara. Lap rim sehingga bersih dan tutup dengan penutup dan cincin.
e) Proseskan balang dalam tab mandi air panas selama 20 minit. Tutup api dan biarkan balang berada di dalam tab mandi air selama 10 minit.
f) Keluarkan balang dari pengetin air panas dengan berhati-hati. Ketepikan untuk menyejukkan selama 12 jam.
g) Periksa penutup untuk pengedap yang betul. Tanggalkan cincin, lap balang, label dan tarikhkannya, dan pindahkan ke almari atau pantri.
h) Untuk rasa yang terbaik, biarkan chutney berehat selama 3 hari sebelum dihidangkan. Sejukkan mana-mana balang yang tidak tertutup dengan betul, dan gunakan dalam masa 6 minggu. Balang yang ditutup dengan betul akan bertahan di dalam almari selama 12 bulan.
i) Setelah dibuka, simpan dalam peti sejuk dan makan dalam masa 6 minggu.

32. Nanas Dan Jalapeno Chutney

BAHAN-BAHAN:
- 2 cawan nenas dipotong dadu
- 1 lada jalapeno, dibiji dan dicincang halus
- 1/2 cawan cuka epal
- 1/4 cawan gula perang
- 1 sudu teh halia parut
- 1/2 sudu kecil biji sawi
- Secubit garam

ARAHAN:
a) Dalam periuk, satukan nanas yang dipotong dadu, jalapeno cincang, cuka sari apel, gula perang, halia parut, biji sawi dan secubit garam.
b) Didihkan adunan dengan api sederhana, kemudian kecilkan api dan reneh selama kira-kira 20-25 minit, kacau sekali-sekala, sehingga chutney pekat.
c) Keluarkan dari haba dan biarkan sejuk sebelum dipindahkan ke balang yang disterilkan. Simpan dalam peti ais.

33. Epal Berempah Dan Cranberry Chutney

BAHAN-BAHAN:
- 2 cawan epal yang dipotong dadu (seperti Granny Smith)
- 1 cawan cranberi segar atau beku
- 1/2 cawan cuka epal
- 1/2 cawan gula pasir
- 1/4 cawan air
- 1 sudu teh kayu manis tanah
- 1/4 sudu teh bunga cengkih kisar
- Secubit garam

ARAHAN:

a) Dalam periuk, satukan epal potong dadu, cranberi, cuka sari apel, gula, air, kayu manis yang dikisar, bunga cengkih yang dikisar dan secubit garam.

b) Didihkan campuran di atas api sederhana, kemudian kecilkan api dan reneh selama kira-kira 15-20 minit, kacau sekali-sekala, sehingga epal dan cranberi lembut dan chutney menjadi pekat.

c) Keluarkan dari haba dan biarkan sejuk sebelum dipindahkan ke balang yang disterilkan. Simpan dalam peti ais.

34. Sweet and Spicy Mango Chutney

BAHAN-BAHAN:
- 2 biji mangga masak, dikupas, diadu, dan dipotong dadu
- 1/2 cawan cuka putih
- 1/2 cawan gula perang
- 1 bawang kecil, dicincang halus
- 2 ulas bawang putih, dikisar
- 1 sudu besar halia parut
- 1 sudu kecil biji sawi
- 1/2 sudu teh kunyit kisar
- 1/4 sudu kecil lada cayenne (sesuaikan dengan rasa)
- Secubit garam

ARAHAN:
a) Dalam periuk, satukan mangga potong dadu, cuka putih, gula perang, bawang merah cincang, bawang putih cincang, halia parut, biji sawi, kunyit kisar, lada cayenne, dan secubit garam.
b) Didihkan campuran dengan api sederhana, kemudian kecilkan api dan reneh selama kira-kira 25-30 minit, kacau sekali-sekala, sehingga chutney pekat.
c) Keluarkan dari haba dan biarkan sejuk sebelum dipindahkan ke balang yang disterilkan. Simpan dalam peti ais.

35.Cherry Dan Balsamic Chutney

BAHAN-BAHAN:
- 2 cawan ceri segar atau beku, diadu
- 1/2 cawan cuka balsamic
- 1/4 cawan madu
- 1/4 cawan air
- 1 sudu teh parutan kulit oren
- 1/4 sudu teh kayu manis tanah
- Secubit garam

ARAHAN:
a) Dalam periuk, satukan ceri berlubang, cuka balsamic, madu, air, kulit oren parut, kayu manis yang dikisar dan secubit garam.
b) Didihkan campuran di atas api sederhana, kemudian kecilkan api dan reneh selama kira-kira 20-25 minit, kacau sekali-sekala, sehingga ceri lembut dan chutney pekat.
c) Keluarkan dari haba dan biarkan sejuk sebelum dipindahkan ke balang yang disterilkan. Simpan dalam peti ais.

36. Pear Dan Halia Chutney

BAHAN-BAHAN:
- 2 biji pir masak, dikupas, dibuang inti dan dipotong dadu
- 1/2 cawan cuka epal
- 1/4 cawan gula pasir
- 1/4 cawan gula perang
- 1 bawang kecil, dicincang halus
- 2 sudu besar halia segar, dikisar
- 1/2 sudu kecil biji sawi
- 1/4 sudu teh kayu manis tanah
- Secubit garam

ARAHAN:
a) Dalam periuk, satukan pir dadu, cuka sari apel, gula pasir, gula perang, bawang cincang, halia cincang, biji sawi, kayu manis yang dikisar dan secubit garam.
b) Didihkan adunan dengan api sederhana, kemudian kecilkan api dan reneh selama kira-kira 20-25 minit, kacau sekali-sekala, sehingga chutney pekat.
c) Keluarkan dari haba dan biarkan sejuk sebelum dipindahkan ke balang yang disterilkan. Simpan dalam peti ais.

37. Chutney Plum Berempah

BAHAN-BAHAN:
- 2 cawan buah plum dipotong dadu
- 1/2 cawan cuka epal
- 1/4 cawan gula pasir
- 1/4 cawan cranberry kering
- 1 bawang kecil, dicincang halus
- 2 ulas bawang putih, dikisar
- 1 sudu kecil biji sawi
- 1/2 sudu teh halia kisar
- 1/4 sudu teh bunga cengkih kisar
- Secubit garam

ARAHAN:
a) Dalam periuk, gabungkan buah plum yang dipotong dadu, cuka sari apel, gula pasir, kranberi kering, bawang cincang, bawang putih cincang, biji sawi, halia yang dikisar, cengkih kisar dan secubit garam.
b) Didihkan campuran dengan api sederhana, kemudian kecilkan api dan reneh selama kira-kira 25-30 minit, kacau sekali-sekala, sehingga chutney pekat.
c) Keluarkan dari haba dan biarkan sejuk sebelum dipindahkan ke balang yang disterilkan. Simpan dalam peti ais.

38. Kiwi Dan Nenas Chutney

BAHAN-BAHAN:
- 2 buah kiwi masak, dikupas dan dipotong dadu
- 1 cawan nenas potong dadu
- 1/2 cawan cuka epal
- 1/4 cawan gula perang
- 1 lada benggala merah kecil, dipotong dadu
- 1 bawang kecil, dicincang halus
- 1 sudu kecil halia parut
- 1/4 sudu teh serpihan lada merah
- Secubit garam

ARAHAN:

a) Dalam periuk, satukan kiwi potong dadu, nanas potong dadu, cuka sari apel, gula perang, lada benggala merah potong dadu, bawang cincang, halia parut, kepingan lada merah dan secubit garam.

b) Didihkan adunan dengan api sederhana, kemudian kecilkan api dan reneh selama kira-kira 20-25 minit, kacau sekali-sekala, sehingga chutney pekat.

c) Keluarkan dari haba dan biarkan sejuk sebelum dipindahkan ke balang yang disterilkan. Simpan dalam peti ais.

CHUTNEY SAYUR

39. Terung Dan Tomato Chutney

BAHAN-BAHAN:
- 1.5 kg telur masak atau tomato masak anggur
- 1 ½ sudu teh biji adas
- 1 ½ sudu teh biji jintan manis
- 1 ½ sudu teh biji sawi coklat
- ¼ cawan minyak zaitun dara tambahan
- 2 biji bawang merah, dihiris halus
- 2 ulas bawang putih, cincang halus
- 2 biji cili api merah, buang biji dan potong halus
- 2 sudu teh daun thyme
- 450 g terung, potong 1 cm
- 3 epal Granny Smith, dikupas, dibuang inti, dan dipotong menjadi kepingan 1 cm
- 1 cawan cuka wain merah
- 1 cawan gula perang yang dibungkus padat

ARAHAN:

a) Buat hirisan kecil berbentuk salib di pangkal setiap tomato, kemudian pudarkannya dalam tiga kelompok berasingan dalam periuk air mendidih selama kira-kira 30 saat atau sehingga kulit mula longgar. Selepas itu, sejukkannya dengan cepat di dalam sinki berisi air sejuk, dan kemudian kupas tomato.

b) Potong tomato yang dikupas separuh secara mendatar dan cedok biji dan jus ke dalam mangkuk; ketepikan ini. Potong kasar daging tomato dan ketepikan juga.

c) Dalam periuk besar berasaskan berat, kacau biji adas, biji jintan manis, dan biji sawi perang di atas api sederhana selama kira-kira 1 minit, atau sehingga mereka menjadi wangi. Kemudian, pindahkan rempah ini ke dalam mangkuk.

d) Kembalikan periuk ke api sederhana, tambah minyak zaitun. Sekarang, masukkan bawang besar yang dicincang halus, bawang putih, cili, thyme, dan 3 sudu teh garam. Kacau sekali-sekala dan masak selama kira-kira 5 minit.

e) Masukkan terung ke dalam adunan dan teruskan masak, kacau sekali-sekala, selama kira-kira 8 minit, atau sehingga sayur-sayuran menjadi lembut. Masukkan daging tomato cincang, rempah yang dibakar sebelum ini, epal, cuka wain merah, dan gula perang.

f) Tapis jus tomato yang dikhaskan ke dalam periuk, buang bijinya. Bawa adunan hingga mendidih, kemudian biarkan ia masak selama kira-kira 45 minit, atau sehingga sebahagian besar cecair telah sejat.

g) Sudukan chutney panas ke dalam balang yang disterilkan semasa ia masih hangat, dan tutup balang dengan segera.

40. Rhubarb Chutney

BAHAN-BAHAN:
- 1 paun Rhubarb
- 2 sudu teh halia segar parut kasar
- 2 ulas bawang putih
- 1 biji cili jalapeno,(atau lebih)biji dan urat Ambil
- 1 sudu kecil Paprika
- 1 sudu besar biji sawi hitam
- ¼ cawan kismis
- 1 cawan gula perang ringan
- 1½ cawan cuka ringan

ARAHAN:
a) Basuh rhubarb dan belah menjadi kepingan¼ inci tebal. Jika tangkainya lebar, potong dua atau tiga memanjang, terlebih dahulu.
b) Cincang halus halia parut bersama bawang putih dan cili.
c) Letakkan semua bahan dalam kuali yang tidak menghakis, biarkan mendidih, kemudian kecilkan api dan renehkan sehingga rhubarb hancur dan mempunyai tekstur jem, kira-kira 30 minit.
d) Simpan dalam peti sejuk dalam balang kaca.

41. Bawang Chutney

BAHAN-BAHAN:
- 6 cawan Bawang besar manis dipotong dadu
- ½ cawan jus lemon segar
- 2 sudu teh biji jintan penuh
- 1 sudu teh biji sawi keseluruhan
- ½ sudu teh sos Tabasco
- ¼ sudu kecil Serpihan lada merah
- 2 sudu kecil cili kisar
- ¼ cawan gula perang ringan
- 1 setiap satu Garam secukup rasa

ARAHAN:
Campurkan semua bahan dalam periuk berat di atas api sederhana. Didihkan, kacau selalu. Apabila adunan mendidih, segera Keluarkan dari api dan masukkan ke dalam balang yang disterilkan panas. Kedap vakum

42. Zucchini Chutney

BAHAN-BAHAN:
- 3 s Zucchini sederhana
- 1 Bawang besar
- ½ sudu teh Hing
- ½ sudu teh Tamcon
- 2 biji cili hijau

ARAHAN:
a) Goreng zucchini potong,bawang besar dan cili hijau.Masukkan kunyit,garam,masak dengan api perlahan selama 5 hingga 10 minit.Rebus tamcon,masukkan sebati di atas.
b) Tumbuk kesemuanya dalam mixer.

43.Tomato Chutney Dengan Chile

BAHAN-BAHAN:
- 1 sudu kecil biji jintan manis
- 1 sudu kecil biji sawi hitam
- 1 sudu kecil biji ketumbar
- 1 sudu teh biji adas
- 4 biji cili kering
- ½ sudu teh serpihan lada merah
- 2 cawan cuka putih
- ½ cawan gula
- 8 cawan kupas, cincang dan toskan Roma atau tomato pes lain
- 12 ulas bawang putih, cincang
- 1 sudu teh garam jeruk

ARAHAN:
a) Dalam kuali yang panas dan kering, gabungkan biji jintan, biji sawi, biji ketumbar, biji adas dan cili. Bakar rempah, kacau berterusan, sehingga naik bau. Pindahkan rempah ke dalam mangkuk kecil. Masukkan kepingan lada merah. Mengetepikan.

b) Dalam set periuk besar di atas api sederhana, satukan cuka putih dan gula. Biarkan mendidih, kacau untuk melarutkan gula.

c) Masukkan tomato, rempah ratus, dan bawang putih. Biarkan mendidih. Kecilkan api kepada sederhana. Reneh selama kira-kira 1½ jam, atau sehingga pekat. Kacau sekali-sekala pada mulanya dan lebih kerap apabila ia pekat. Setelah pekat, masukkan garam jeruk dan angkat dari api.

d) Sediakan mandian air panas. Letakkan balang di dalamnya supaya tetap hangat. Basuh penutup dan cincin dalam air panas, sabun, dan ketepikan.

e) Sendukkan chutney ke dalam balang yang disediakan, tinggalkan ½ inci ruang kepala. Gunakan perkakas bukan logam untuk melepaskan sebarang buih udara. Lap rim sehingga bersih dan tutup dengan penutup dan cincin.

f) Proseskan balang dalam tab mandi air panas selama 15 minit. Tutup api dan biarkan balang berada di dalam tab mandi air selama 10 minit.

g) Keluarkan balang dari pengetin air panas dengan berhati-hati. Ketepikan untuk menyejukkan selama 12 jam.
h) Periksa penutup untuk pengedap yang betul. Tanggalkan cincin, lap balang, label dan tarikhkannya, dan pindahkan ke almari atau pantri.
i) Untuk rasa yang terbaik, biarkan chutney mengeras selama 3 hingga 4 minggu sebelum dihidangkan. Sejukkan mana-mana balang yang tidak tertutup dengan betul, dan gunakan dalam masa 6 minggu. Balang yang dimeterai dengan betul akan bertahan di dalam almari selama 12 .

44. Lobak Merah Dan Halia Chutney

BAHAN-BAHAN:
- 2 cawan lobak merah parut
- 1 sudu besar halia parut
- 1/2 cawan cuka epal
- 1/4 cawan madu atau gula perang
- 1 sudu kecil biji sawi
- 1/2 sudu kecil biji jintan manis
- 1/4 sudu teh serbuk kunyit
- Garam secukup rasa

ARAHAN:

a) Panaskan satu sudu besar minyak dalam kuali. Masukkan biji sawi dan jintan manis. Bila dah memercik, masukkan lobak merah parut dan halia parut. Masak sehingga lobak merah empuk.

b) Tambah cuka sari apel, madu (atau gula perang), serbuk kunyit, dan garam. Kacau hingga sebati.

c) Masak dengan api perlahan sehingga adunan pekat, kacau sekali sekala. Sesuaikan rasa manis dan perasa mengikut citarasa.

d) Biarkan ia sejuk sepenuhnya sebelum disimpan dalam balang steril. Sejukkan dan gunakan dalam masa beberapa minggu.

45. Bell Pepper Chutney

BAHAN-BAHAN:
- 2 biji lada benggala merah, potong dadu
- 1 lada benggala hijau, potong dadu
- 1 bawang, dicincang
- 2 ulas bawang putih, dikisar
- 1 inci halia, parut
- 1 sudu besar minyak sayuran
- 2 sudu besar cuka epal
- 2 sudu besar gula merah
- 1/2 sudu kecil biji jintan manis
- Garam secukup rasa

ARAHAN:
a) Panaskan minyak dalam kuali dengan api sederhana. Masukkan biji jintan manis dan biarkan merecik.
b) Masukkan bawang besar cincang, bawang putih kisar, dan halia parut. Tumis sehingga bawang menjadi lut sinar.
c) Masukkan lada benggala yang dipotong dadu dan masak sehingga ia empuk.
d) Kacau dalam cuka sari apel, gula perang, dan garam. Masak sehingga chutney pekat sedikit.
e) Biarkan chutney sejuk sebelum memindahkannya ke balang yang disterilkan. Simpan dalam peti ais.

46. Chutney Kembang Kol Pedas

BAHAN-BAHAN:
- 2 cawan kuntum bunga kobis
- 1 bawang, dicincang
- 2 biji cili hijau, dihiris
- 2 ulas bawang putih, dikisar
- 1 sudu kecil biji sawi
- 1 sudu kecil biji jintan manis
- 1/4 sudu teh serbuk kunyit
- 1/4 cawan cuka putih
- 2 sudu besar gula merah
- Garam secukup rasa

ARAHAN:
a) Kukus kuntum bunga kobis sehingga empuk, kemudian cincang kasar.
b) Panaskan minyak dalam kuali dengan api sederhana. Masukkan biji sawi dan jintan manis. Biarkan mereka berderai.
c) Masukkan bawang besar cincang, cili hijau, dan bawang putih kisar. Tumis sehingga bawang menjadi perang keemasan.
d) Masukkan bunga kobis cincang, serbuk kunyit, cuka putih, gula perang, dan garam. Masak sehingga adunan pekat.
e) Biarkan chutney sejuk sepenuhnya sebelum menyimpannya dalam balang yang disterilkan. Sejukkan dan gunakan dalam masa beberapa minggu.

47. Ubi bit Chutney

BAHAN-BAHAN:
- 2 cawan ubi bit parut
- 1 bawang, dicincang
- 2 ulas bawang putih, dikisar
- 1 inci halia, parut
- 1/4 cawan cuka epal
- 2 sudu besar madu atau gula perang
- 1/2 sudu kecil biji jintan manis
- 1/4 sudu teh serbuk kayu manis
- Garam secukup rasa

ARAHAN:
a) Panaskan minyak dalam kuali dengan api sederhana. Masukkan biji jintan manis dan biarkan merecik.
b) Masukkan bawang besar cincang, bawang putih kisar, dan halia parut. Tumis sehingga bawang menjadi lut sinar.
c) Masukkan ubi bit parut dan masak sehingga ia empuk.
d) Kacau dalam cuka sari apel, madu (atau gula perang), serbuk kayu manis, dan garam. Masak sehingga chutney pekat sedikit.
e) Biarkan chutney sejuk sepenuhnya sebelum memindahkannya ke balang yang disterilkan. Simpan dalam peti ais.

48. Bayam Dan Kacang Chutney

BAHAN-BAHAN:
- 2 cawan daun bayam segar
- 1/2 cawan kacang tanah panggang
- 2 biji cili hijau
- 2 ulas bawang putih
- 1 inci halia
- 2 sudu besar jus lemon
- Garam secukup rasa

ARAHAN:
a) Dalam pengisar atau pemproses makanan, satukan daun bayam segar, kacang tanah panggang, cili hijau, bawang putih, halia, jus lemon dan garam.
b) Kisar sehingga rata, tambah sedikit air jika perlu untuk mencapai konsistensi yang anda inginkan.
c) Pindahkan chutney ke mangkuk hidangan. Sesuaikan perasa jika perlu. Hidangkan sebagai celup atau taburan.

49. Lobak Chutney

BAHAN-BAHAN:
- 2 cawan lobak parut
- 1 bawang, dicincang
- 2 biji cili hijau
- 2 sudu besar kelapa parut
- 1 sudu besar jus lemon
- 1 sudu kecil biji sawi
- 1/2 sudu kecil biji jintan manis
- Secubit asafoetida (engsel)
- Garam secukup rasa

ARAHAN:
a) Panaskan minyak dalam kuali dengan api sederhana. Masukkan biji sawi dan biarkan merecik.
b) Masukkan biji jintan manis dan asafoetida, diikuti dengan bawang cincang dan cili hijau. Tumis sehingga bawang menjadi lut sinar.
c) Masukkan lobak parut dan masak sehingga ia empuk.
d) Masukkan kelapa parut dan masak selama satu minit lagi.
e) Keluarkan dari api dan biarkan adunan sejuk sedikit. Kemudian masukkan jus lemon dan garam. Gaul sebati.
f) Hidangkan chutney lobak sebagai ulam atau perasa.

50. Jagung Dan Tomato Chutney

BAHAN-BAHAN:
- 1 cawan biji jagung segar
- 2 biji tomato, dicincang
- 1 bawang, dicincang
- 2 ulas bawang putih, dikisar
- 1 inci halia, parut
- 2 biji cili hijau
- 1 sudu besar minyak sayuran
- 1 sudu kecil biji sawi
- 1/2 sudu kecil serbuk kunyit
- Garam secukup rasa
- Daun ketumbar segar untuk hiasan

ARAHAN:
a) Panaskan minyak dalam kuali dengan api sederhana. Masukkan biji sawi dan biarkan merecik.
b) Masukkan bawang besar cincang, bawang putih kisar, halia parut, dan cili hijau. Tumis sehingga bawang lembut dan lut sinar.
c) Masukkan biji jagung segar dan tomato cincang. Masak sehingga tomato empuk dan jagung empuk.
d) Masukkan serbuk kunyit dan garam. Gaul rata dan masak selama satu minit lagi.
e) Keluarkan dari haba dan biarkan chutney sejuk sedikit. Hiaskan dengan daun ketumbar segar sebelum dihidangkan.

51. Chutney Kacang Hijau

BAHAN-BAHAN:
- 2 cawan kacang hijau dicincang
- 1 bawang, dicincang
- 2 biji cili hijau
- 2 sudu besar kelapa parut
- 1 sudu besar pes asam jawa
- 1 sudu kecil biji sawi
- 1/2 sudu kecil biji jintan manis
- Secubit asafoetida (engsel)
- Garam secukup rasa

ARAHAN:
a) Panaskan minyak dalam kuali dengan api sederhana. Masukkan biji sawi dan biarkan merecik.
b) Masukkan biji jintan manis dan asafoetida, diikuti dengan bawang cincang dan cili hijau. Tumis sehingga bawang menjadi lut sinar.
c) Masukkan kacang hijau yang dicincang dan masak sehingga ia empuk.
d) Masukkan kelapa parut dan pes asam jawa. Masak seminit lagi.
e) Keluarkan dari api dan biarkan adunan sejuk sedikit. Kemudian masukkan garam dan gaul rata.
f) Hidangkan chutney kacang hijau sebagai ulam atau perasa.

52.Chutney Tomato Hijau Pedas

BAHAN-BAHAN:
- 2 cawan tomato hijau, dipotong dadu
- 1 biji bawang, dicincang halus
- 2 biji cili hijau, dihiris
- 2 ulas bawang putih, dikisar
- 1 inci halia, parut
- 1/4 cawan cuka epal
- 2 sudu besar gula merah
- 1/2 sudu kecil biji sawi
- 1/2 sudu kecil biji jintan manis
- 1/4 sudu kecil serbuk kunyit
- Garam secukup rasa

ARAHAN:
a) Panaskan minyak dalam kuali dengan api sederhana. Masukkan biji sawi dan jintan manis. Biarkan mereka berderai.
b) Masukkan bawang besar cincang, cili hijau, bawang putih kisar, dan halia parut. Tumis sehingga bawang menjadi lut sinar.
c) Masukkan tomato hijau yang dipotong dadu dan masak hingga empuk.
d) Masukkan cuka epal, gula perang, serbuk kunyit, dan garam. Masak sehingga adunan sedikit pekat.
e) Benarkan chutney sejuk sepenuhnya sebelum memindahkannya ke balang yang disterilkan. Simpan dalam peti ais.

53. Labu Dan Kismis Chutney

BAHAN-BAHAN:
- 2 cawan labu, potong dadu
- 1 bawang, dicincang
- 1/2 cawan kismis
- 2 sudu besar cuka epal
- 2 sudu besar madu atau gula perang
- 1/2 sudu kecil biji sawi
- 1/2 sudu kecil biji jintan manis
- 1/4 sudu teh serbuk kayu manis
- Secubit buah pala
- Garam secukup rasa

ARAHAN:
a) Panaskan minyak dalam kuali dengan api sederhana. Masukkan biji sawi dan jintan manis. Biarkan mereka berderai.
b) Masukkan bawang cincang dan tumis sehingga menjadi lut sinar.
c) Masukkan labu yang dipotong dadu dan masak sehingga ia empuk.
d) Kacau dalam kismis, cuka sari apel, madu (atau gula perang), serbuk kayu manis, buah pala dan garam. Masak sehingga chutney pekat sedikit.
e) Biarkan chutney sejuk sepenuhnya sebelum memindahkannya ke balang yang disterilkan. Simpan dalam peti ais.

54. Bayam Dan Chutney Kelapa

BAHAN-BAHAN:
- 2 cawan daun bayam, basuh dan potong
- 1 bawang, dicincang
- 1/2 cawan kelapa parut
- 2 biji cili hijau
- 2 sudu besar jus lemon
- 1 sudu kecil biji sawi
- 1/2 sudu kecil biji jintan manis
- 1/4 sudu kecil serbuk kunyit
- Garam secukup rasa

ARAHAN:

a) Panaskan minyak dalam kuali dengan api sederhana. Masukkan biji sawi dan jintan manis. Biarkan mereka berderai.
b) Masukkan bawang cincang dan tumis sehingga menjadi lut sinar.
c) Masukkan daun bayam yang dihiris dan masak sehingga layu.
d) Masukkan kelapa parut, cili hijau, jus lemon, serbuk kunyit, dan garam. Masak selama beberapa minit lagi.
e) Benarkan chutney sejuk sepenuhnya sebelum memindahkannya ke balang yang disterilkan. Simpan dalam peti ais.

55. Lobak Dan Pudina Chutney

BAHAN-BAHAN:
- 2 cawan lobak parut
- 1/2 cawan daun pudina segar
- 1/4 cawan kacang tanah panggang
- 2 biji cili hijau
- 2 sudu besar jus lemon
- 1 sudu kecil biji sawi
- 1/2 sudu kecil biji jintan manis
- 1/4 sudu kecil serbuk cili merah
- Garam secukup rasa

ARAHAN:
a) Panaskan minyak dalam kuali dengan api sederhana. Masukkan biji sawi dan jintan manis. Biarkan mereka berderai.
b) Masukkan lobak parut dan tumis hingga empuk.
c) Dalam pengisar, satukan daun pudina segar, kacang tanah panggang, cili hijau, jus lemon, serbuk cili merah dan garam. Kisar menjadi pes halus.
d) Kacau pes pudina ke dalam adunan lobak yang telah dimasak. Masak selama beberapa minit lagi.
e) Biarkan chutney sejuk sepenuhnya sebelum memindahkannya ke balang yang disterilkan. Simpan dalam peti ais.

56. Capsicum (Lada Loceng) Dan Tomato Chutney

BAHAN-BAHAN:
- 2 biji tomato bersaiz sederhana, dipotong dadu
- 2 biji capsicum bersaiz sederhana (lada benggala), dipotong dadu
- 1 biji bawang, dicincang halus
- 2 biji cili hijau, dihiris
- 1 sudu besar pes halia-bawang putih
- 1 sudu kecil biji sawi
- 1 sudu kecil biji jintan manis
- 1/2 sudu kecil serbuk kunyit
- 1 sudu kecil serbuk cili merah
- 1 sudu besar cuka
- Garam secukup rasa
- 2 sudu besar minyak

ARAHAN:
a) Panaskan minyak dalam kuali. Masukkan biji sawi dan jintan manis. Biarkan mereka berderai.
b) Masukkan bawang besar dan cili hijau yang dihiris. Tumis sehingga bawang menjadi perang keemasan.
c) Masukkan pes halia-bawang putih dan tumis seminit.
d) Masukkan tomato dan capsicum yang dipotong dadu. Masak sehingga ia empuk.
e) Masukkan serbuk kunyit, serbuk cili merah, cuka, dan garam. Masak beberapa minit lagi sehingga chutney pekat.
f) Biarkan chutney sejuk sepenuhnya sebelum menyimpannya dalam balang yang disterilkan. Sejukkan dan gunakan dalam masa beberapa minggu.

57. Chutney Brinjal (Terung) Pedas

BAHAN-BAHAN:
- 2 terung bersaiz sederhana (terung), dipotong dadu
- 1 bawang, dicincang
- 2 biji tomato, dicincang
- 2 biji cili hijau, dihiris
- 2 ulas bawang putih, dikisar
- 1 sudu besar pes asam jawa
- 1 sudu kecil biji sawi
- 1 sudu kecil biji jintan manis
- 1/2 sudu kecil serbuk kunyit
- 1 sudu kecil serbuk cili merah
- Garam secukup rasa
- 2 sudu besar minyak

ARAHAN:

a) Panaskan minyak dalam kuali. Masukkan biji sawi dan jintan manis. Biarkan mereka berderai.
b) Masukkan bawang besar dan cili hijau yang dihiris. Tumis sehingga bawang menjadi lut sinar.
c) Masukkan bawang putih kisar dan tumis selama satu minit.
d) Masukkan terung dadu dan tomato. Masak sehingga menjadi lembik.
e) Masukkan pes asam jawa, serbuk kunyit, serbuk cili merah, dan garam. Masak beberapa minit lagi sehingga chutney pekat.
f) Biarkan chutney sejuk sepenuhnya sebelum menyimpannya dalam balang yang disterilkan. Sejukkan dan gunakan dalam masa beberapa minggu.

58. Chutney lobak merah pedas

BAHAN-BAHAN:
- 2 cawan lobak merah parut
- 1 bawang, dicincang
- 2 biji cili hijau, dihiris
- 2 sudu besar kelapa parut
- 1 sudu kecil biji sawi
- 1 sudu teh urad dal (gram hitam dibelah)
- 1/2 sudu kecil biji jintan manis
- 1/4 sudu teh asafoetida (engsel)
- 1 sudu besar pes asam jawa
- Garam secukup rasa
- 2 sudu besar minyak

ARAHAN:
a) Panaskan minyak dalam kuali. Masukkan biji sawi, urad dal, dan biji jintan manis. Biarkan mereka berderai.
b) Masukkan bawang besar dan cili hijau yang dihiris. Tumis sehingga bawang menjadi lut sinar.
c) Masukkan lobak merah parut dan kelapa parut. Masak sehingga lobak merah empuk.
d) Masukkan pes asam jawa, asafoetida, dan garam. Masak beberapa minit lagi sehingga chutney pekat.
e) Biarkan chutney sejuk sepenuhnya sebelum menyimpannya dalam balang yang disterilkan. Sejukkan dan gunakan dalam masa beberapa minggu.

59. Tangy Ridge Gourd (Luffa) Chutney

BAHAN-BAHAN:
- 2 cawan labu rabung parut (luffa)
- 1 bawang, dicincang
- 2 biji cili hijau, dihiris
- 1 sudu besar halia parut
- 1 sudu besar kelapa parut
- 1 sudu kecil biji sawi
- 1 sudu teh urad dal (gram hitam dibelah)
- 1/2 sudu kecil biji fenugreek
- 1/4 sudu teh asafoetida (engsel)
- 1 sudu besar pes asam jawa
- Garam secukup rasa
- 2 sudu besar minyak

ARAHAN:
a) Panaskan minyak dalam kuali. Tambah biji sawi, urad dal, biji fenugreek, dan asafoetida. Biarkan mereka berderai.
b) Masukkan bawang besar, cili hijau dan halia parut. Tumis sehingga bawang menjadi lut sinar.
c) Masukkan labu permatang parut dan kelapa parut. Masak sehingga labu permatang empuk.
d) Masukkan pes asam jawa dan garam. Masak beberapa minit lagi sehingga chutney pekat.
e) Biarkan chutney sejuk sepenuhnya sebelum menyimpannya dalam balang yang disterilkan. Sejukkan dan gunakan dalam masa beberapa minggu.

CHUTNEY HERBA

60. Ketumbar Fijian Dan Lime Chutney

BAHAN-BAHAN:
- 1 cawan daun ketumbar segar, dibuang batangnya
- Jus 2 biji limau purut
- 2 ulas bawang putih, dikisar
- 1-2 lada cili hijau, dihiris halus
- ½ sudu teh serbuk jintan manis
- Garam secukup rasa

ARAHAN:
a) Dalam pemproses makanan, satukan ketumbar, jus limau nipis, bawang putih cincang, lada cili hijau cincang, serbuk jintan manis dan garam.
b) Kisar sehingga anda mempunyai chutney yang licin dengan rasa yang cerah dan tajam.
c) Hidangkan ketumbar dan chutney limau ini sebagai perasa pedas untuk hidangan panggang atau goreng.

61. Cilantro-Pudina Chutney

BAHAN-BAHAN:
- 2 cawan daun ketumbar segar
- 1 cawan daun pudina segar
- ⅓ cawan yogurt biasa
- ¼ cawan bawang dicincang halus
- 1 sudu besar jus limau nipis
- 1½ sudu teh gula
- ½ sudu teh jintan halus
- ¼ sudu teh garam meja

ARAHAN:
a) Proses semua bahan dalam pemproses makanan sehingga licin, kira-kira 20 saat, mengikis bahagian tepi mangkuk mengikut keperluan.

62. Ketumbar Kelapa Chutney

BAHAN-BAHAN:
- 1 cawan daun ketumbar segar
- ½ cawan kelapa parut
- 1 cili hijau, dibuang biji dan dicincang
- 2 sudu besar jus lemon
- 1 sudu besar chana dal panggang (kacang cincang)
- 1 sudu besar kelapa parut (pilihan)
- Garam secukup rasa

ARAHAN:
a) Dalam pengisar atau pemproses makanan, satukan daun ketumbar, kelapa parut, cili hijau, jus lemon, chana dal panggang, kelapa parut (jika menggunakan), dan garam.
b) Kisar sehingga anda mendapat konsistensi yang licin dan berkrim.
c) Sesuaikan garam dan jus lemon mengikut citarasa anda.
d) Pindahkan ke dalam mangkuk hidangan dan sejukkan sehingga sedia untuk digunakan.
e) Hidangkan sebagai celup untuk samosa, dosas, atau sebagai taburan untuk sandwic.

63. Chutney Pudina Nanas

BAHAN-BAHAN:
- 2 cawan nanas segar, dipotong dadu
- 1/2 cawan bawang merah, dicincang halus
- 1/4 cawan daun pudina segar, dicincang
- 1 lada jalapeno, dicincang halus
- 2 sudu besar jus limau nipis
- 2 sudu besar madu
- Secubit garam

ARAHAN:
a) Dalam mangkuk, satukan nanas segar yang dipotong dadu, bawang merah yang dicincang halus, daun pudina segar yang dicincang, lada jalapeño yang dicincang halus, jus limau nipis, madu dan secubit garam.
b) Campurkan bahan-bahan dengan baik untuk memastikan pengedaran rasa yang sekata.
c) Biarkan chutney sejuk di dalam peti sejuk selama sekurang-kurangnya 1 jam sebelum dihidangkan.
d) Hidangkan chutney pudina nanas ini sebagai sampingan yang menyegarkan kepada ayam panggang, ikan, atau sebagai topping untuk taco.

64. Taugeh Halba Dan Tomato Chutney

BAHAN-BAHAN:
- 2 cawan pucuk fenugreek
- 4 biji tomato, dicincang
- 1 bawang, dicincang
- 2 biji cili hijau, dihiris
- Ulas bawang putih, dikisar
- Biji sawi
- Biji jintan manis
- daun kari
- Garam secukup rasa
- Minyak untuk memasak

ARAHAN:
a) Dalam kuali, panaskan minyak dan masukkan biji sawi, jintan manis, dan daun kari. Biarkan mereka terpercik.
b) Masukkan bawang besar cincang, cili hijau, dan bawang putih kisar. Tumis sehingga bawang lut sinar.
c) Masukkan tomato cincang dan masak sehingga ia menjadi lembut.
d) Masukkan taugeh halba kacau dan masak selama beberapa minit.
e) Perasakan dengan garam dan teruskan masak sehingga adunan pekat.
f) Hidangkan pucuk fenugreek dan tomato chutney bersama nasi atau sebagai ulam.

65.Ketumbar Chutney

BAHAN-BAHAN:
- ½ sudu teh biji jintan manis, dibakar dan dikisar
- ½ sudu teh biji sawi kuning, dibakar dan dikisar
- 1 tandan besar ketumbar
- 1 bawang kuning kecil, dikupas dan dicincang (kira-kira ½ cawan)
- ¼ cawan kelapa tanpa gula
- 3 sudu besar halia parut
- 2 biji cili serrano, bertangkai (untuk kurang haba, keluarkan bijinya)
- Perahan dan jus 2 biji lemon
- Garam secukup rasa

ARAHAN:
a) Satukan semua bahan dalam pengisar dan kisar dengan tinggi sehingga rata.
b) Tambah air mengikut keperluan untuk mencapai pes tebal.

66. Basil Pesto Chutney

BAHAN-BAHAN:
- 2 cawan daun selasih segar
- 1/4 cawan kacang pain atau walnut
- 2 ulas bawang putih
- 1/4 cawan parut keju Parmesan
- 1/2 cawan minyak zaitun
- Garam dan lada sulah secukup rasa

ARAHAN:
a) Dalam pemproses makanan, gabungkan daun selasih, kacang pain atau walnut, bawang putih dan keju Parmesan.
b) Denyut hingga dicincang kasar.
c) Dengan pemproses makanan berjalan, perlahan-lahan tambah minyak zaitun sehingga campuran membentuk pes licin.
d) Perasakan dengan garam dan lada sulah secukup rasa.
e) Pindahkan pesto chutney ke dalam balang dan simpan di dalam peti sejuk. Ia boleh digunakan sebagai sapuan, celup atau sos untuk pasta.

67.Dill Dan Yogurt Chutney

BAHAN-BAHAN:
- 1 cawan dill segar, dicincang
- 1 cawan yogurt biasa
- 1 ulas bawang putih, dikisar
- 1 sudu besar jus lemon
- Garam secukup rasa

ARAHAN:
a) Dalam mangkuk, campurkan bersama dill cincang, yogurt biasa, bawang putih cincang, jus lemon, dan garam.
b) Kacau sehingga sebati.
c) Sesuaikan perasa secukup rasa, tambah garam atau jus lemon jika mahu.
d) Hidangkan dill dan yogurt chutney sejuk sebagai iringan yang menyegarkan untuk daging panggang, sayur-sayuran panggang, atau sebagai celup untuk kerepek atau keropok.

68. Parsley Dan Walnut Chutney

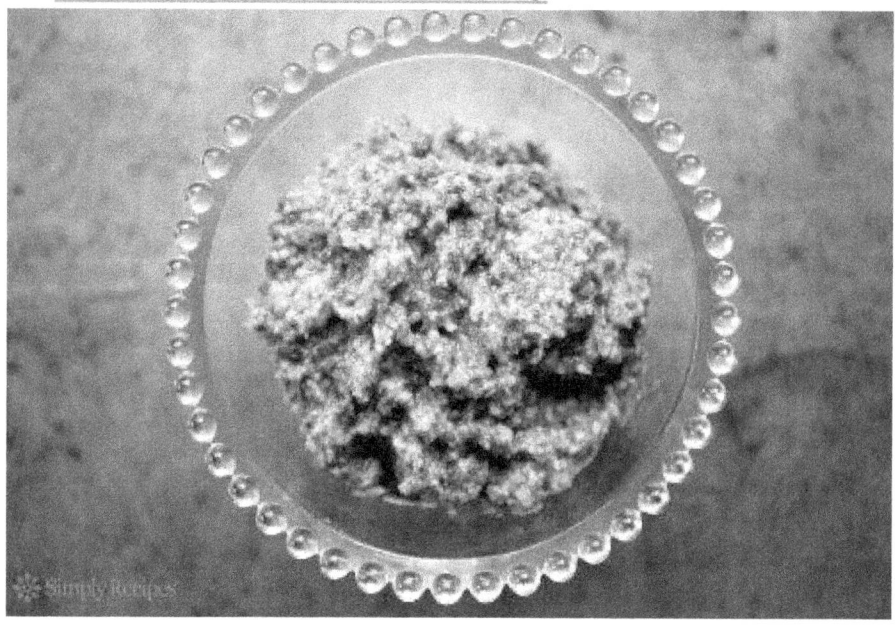

BAHAN-BAHAN:
- 1 cawan daun pasli segar
- 1/2 cawan walnut
- 1 ulas bawang putih
- 2 sudu besar jus lemon
- 1/4 cawan minyak zaitun
- Garam dan lada sulah secukup rasa

ARAHAN:
a) Dalam pemproses makanan, gabungkan daun pasli segar, walnut, bawang putih dan jus lemon.
b) Denyut hingga dicincang halus.
c) Semasa pemproses makanan berjalan, perlahan-lahan gerimis dalam minyak zaitun sehingga campuran membentuk pes licin.
d) Perasakan dengan garam dan lada sulah secukup rasa.
e) Pindahkan pasli dan chutney walnut ke dalam balang dan sejukkan sehingga sedia untuk digunakan. Ia sesuai dengan daging panggang, ikan, atau sebagai taburan untuk sandwic.

69.Rosemary Dan Almond Chutney

BAHAN-BAHAN:
- 1/2 cawan daun rosemary segar
- 1/4 cawan badam
- 1 ulas bawang putih
- 1 sudu besar jus lemon
- 1/4 cawan minyak zaitun
- Garam secukup rasa

ARAHAN:
a) Dalam pemproses makanan, gabungkan daun rosemary segar, badam, bawang putih dan jus lemon.
b) Denyut hingga dicincang kasar.
c) Semasa pemproses makanan berjalan, tambah minyak zaitun secara beransur-ansur sehingga adunan mencapai konsistensi yang anda inginkan.
d) Perasakan dengan garam secukup rasa.
e) Pindahkan rosemary dan chutney badam ke dalam balang dan sejukkan sehingga sedia untuk digunakan. Ia menambahkan tumbukan berperisa pada sayur-sayuran panggang, daging panggang atau sebagai topping untuk crostini.

70. Pudina Dan Gajus Chutney

BAHAN-BAHAN:
- 1 cawan daun pudina segar
- 1/2 cawan gajus panggang
- 2 biji cili hijau, dihiris
- 1 sudu besar kelapa parut (pilihan)
- 1 sudu besar jus lemon
- Garam secukup rasa
- Air, mengikut keperluan

ARAHAN:
a) Dalam pengisar atau pemproses makanan, satukan daun pudina segar, gajus panggang, cili hijau cincang, kelapa parut (jika menggunakan), jus lemon dan secubit garam.
b) Kisar sehingga rata, tambah air mengikut keperluan untuk mencapai konsistensi yang anda inginkan.
c) Rasa dan sesuaikan perasa jika perlu.
d) Pindahkan pudina dan gajus chutney ke dalam balang dan simpan di dalam peti sejuk. Hidangkan sebagai celup atau sapukan dengan snek atau makanan.

71.Ketumbar Dan Kacang Chutney

BAHAN-BAHAN:
- 1 cawan daun ketumbar segar
- 1/2 cawan kacang tanah panggang
- 2 biji cili hijau, dihiris
- 1 sudu besar halia parut
- 1 sudu besar pes asam jawa
- Garam secukup rasa
- Air, mengikut keperluan

ARAHAN:
a) Dalam pengisar atau pemproses makanan, satukan daun ketumbar segar, kacang tanah panggang, cili hijau cincang, halia parut, pes asam jawa dan garam.
b) Kisar sehingga rata, tambah air secara beransur-ansur untuk mencapai konsistensi yang diingini.
c) Sesuaikan perasa mengikut citarasa.
d) Pindahkan cilantro dan chutney kacang ke dalam balang dan sejukkan sehingga sedia untuk digunakan. Hidangkan sebagai perasa atau sos pencicah dengan makanan ringan atau hidangan India.

72. Chive Dan Walnut Chutney

BAHAN-BAHAN:
- 1 cawan daun kucai segar, dicincang
- 1/2 cawan walnut
- 1 ulas bawang putih
- 1 sudu besar jus lemon
- 1/4 cawan minyak zaitun
- Garam dan lada sulah secukup rasa

ARAHAN:
a) Dalam pemproses makanan, satukan daun kucai segar, walnut, bawang putih, jus lemon dan minyak zaitun.
b) Denyut sehingga adunan membentuk pes kasar.
c) Perasakan dengan garam dan lada sulah secukup rasa.
d) Pindahkan chutney kucai dan walnut ke dalam balang dan sejukkan sehingga sedia untuk digunakan. Nikmati sebagai sapuan untuk sandwic, topping untuk sayuran panggang atau celup untuk keropok.

73. Sage Dan Hazelnut Chutney

BAHAN-BAHAN:
- 1 cawan daun sage segar
- 1/2 cawan hazelnut panggang
- 1 ulas bawang putih
- Perahan 1 lemon
- 2 sudu besar jus lemon
- 1/4 cawan minyak zaitun
- Garam dan lada sulah secukup rasa

ARAHAN:
a) Dalam pemproses makanan, gabungkan daun sage segar, hazelnut panggang, bawang putih, kulit limau, jus lemon dan minyak zaitun.
b) Denyut sehingga adunan membentuk pes chunky.
c) Perasakan dengan garam dan lada sulah secukup rasa.
d) Pindahkan sage dan hazelnut chutney ke dalam balang dan sejukkan sehingga sedia untuk digunakan. Hidangkan sebagai perasa untuk daging panggang, ikan bakar, atau sebagai penambah rasa untuk sup dan rebusan.

74. Lemon Thyme Chutney

BAHAN-BAHAN:
- 1 cawan daun thyme segar
- 1/2 cawan badam, dibakar
- 1 ulas bawang putih
- Perahan dan jus 1 lemon
- 1/4 cawan minyak zaitun
- Garam secukup rasa

ARAHAN:
a) Dalam pemproses makanan, satukan daun thyme segar, badam panggang, bawang putih, kulit limau dan jus lemon.
b) Denyut sehingga adunan membentuk pes kasar.
c) Dengan pemproses makanan berjalan, perlahan-lahan gerimis dalam minyak zaitun sehingga digabungkan dengan baik.
d) Perasakan dengan garam secukup rasa.
e) Pindahkan chutney lemon thyme ke dalam balang dan sejukkan sehingga sedia untuk digunakan. Ia dipadankan dengan baik dengan daging panggang, sayur-sayuran panggang, atau sebagai taburan pada sandwic.

75. Tarragon Dan Pistachio Chutney

BAHAN-BAHAN:
- 1 cawan daun tarragon segar
- 1/2 cawan pistachio, dikupas dan dibakar
- 1 bawang merah, dicincang
- 1 sudu besar cuka wain putih
- 1/4 cawan minyak zaitun
- Garam dan lada sulah secukup rasa

ARAHAN:
a) Dalam pemproses makanan, gabungkan daun tarragon segar, pistachio panggang, bawang merah cincang dan cuka wain putih.
b) Denyut sehingga adunan membentuk pes kasar.
c) Dengan pemproses makanan berjalan, perlahan-lahan gerimis dalam minyak zaitun sehingga digabungkan dengan baik.
d) Perasakan dengan garam dan lada sulah secukup rasa.
e) Pindahkan tarragon dan chutney pistachio ke dalam balang dan sejukkan sehingga sedia untuk digunakan. Ia lazat dihidangkan dengan ikan bakar, ayam, atau sebagai celup untuk crudites.

76.Oregano Dan Walnut Chutney

BAHAN-BAHAN:
- 1 cawan daun oregano segar
- 1/2 cawan walnut, dibakar
- 2 ulas bawang putih
- Perahan dan jus 1 lemon
- 1/4 cawan minyak zaitun
- Garam secukup rasa

ARAHAN:
a) Dalam pemproses makanan, gabungkan daun oregano segar, walnut panggang, bawang putih, kulit limau dan jus lemon.
b) Denyut sehingga adunan membentuk pes kasar.
c) Dengan pemproses makanan berjalan, perlahan-lahan gerimis dalam minyak zaitun sehingga digabungkan dengan baik.
d) Perasakan dengan garam secukup rasa.
e) Pindahkan oregano dan chutney walnut ke dalam balang dan sejukkan sehingga sedia untuk digunakan. Ia hebat sebagai topping untuk sayur-sayuran panggang, pasta, atau sebagai taburan pada bruschetta.

77. Sage Dan Pine Nut Chutney

BAHAN-BAHAN:
- 1 cawan daun sage segar
- 1/2 cawan kacang pain, dibakar
- 1 bawang merah, dicincang
- 1 sudu besar cuka balsamic
- 1/4 cawan minyak zaitun
- Garam dan lada sulah secukup rasa

ARAHAN:
a) Dalam pemproses makanan, gabungkan daun bijak segar, kacang pain panggang, bawang merah cincang dan cuka balsamic.
b) Denyut sehingga adunan membentuk pes kasar.
c) Dengan pemproses makanan berjalan, perlahan-lahan gerimis dalam minyak zaitun sehingga digabungkan dengan baik.
d) Perasakan dengan garam dan lada sulah secukup rasa.
e) Pindahkan sage dan chutney kacang pain ke dalam balang dan sejukkan sehingga sedia untuk digunakan. Ia adalah iringan yang menarik untuk daging panggang, sayur-sayuran panggang atau sebagai sapuan pada crostini.

78. Rosemary Dan Bawang Putih Chutney

BAHAN-BAHAN:
- 1 cawan daun rosemary segar
- 4 ulas bawang putih
- 1/4 cawan kacang pain, dibakar
- 1/4 cawan parut keju Parmesan
- 1/4 cawan minyak zaitun
- Garam dan lada sulah secukup rasa

ARAHAN:
a) Dalam pemproses makanan, gabungkan daun rosemary segar, ulas bawang putih, kacang pain panggang dan keju Parmesan parut.
b) Pukul sehingga adunan dicincang halus.
c) Dengan pemproses makanan berjalan, perlahan-lahan gerimis dalam minyak zaitun sehingga campuran membentuk pes.
d) Perasakan dengan garam dan lada sulah secukup rasa.
e) Pindahkan rosemary dan chutney bawang putih ke dalam balang dan sejukkan sehingga sedia untuk digunakan. Ia sesuai untuk disapu pada roti, sandwic atau sebagai celup keropok.

79. Kucai Dan Perah Lemon Chutney

BAHAN-BAHAN:
- 1 cawan daun kucai segar, dicincang
- Perahan 2 biji lemon
- 1/4 cawan badam bakar
- 2 sudu besar jus lemon
- 1/4 cawan minyak zaitun extra-virgin
- Garam dan lada sulah secukup rasa

ARAHAN:
a) Dalam pemproses makanan, gabungkan daun kucai segar, kulit limau, badam panggang dan jus lemon.
b) Pukul sehingga adunan dicincang halus.
c) Dengan pemproses makanan berjalan, perlahan-lahan gerimis dalam minyak zaitun sehingga campuran membentuk pes licin.
d) Perasakan dengan garam dan lada sulah secukup rasa.
e) Pindahkan chutney daun kucai dan kulit limau ke dalam balang dan sejukkan sehingga sedia untuk digunakan. Ia lazat dihidangkan dengan ikan bakar, sayur-sayuran panggang atau sebagai topping untuk salad.

80. Sage Dan Lemon Thyme Chutney

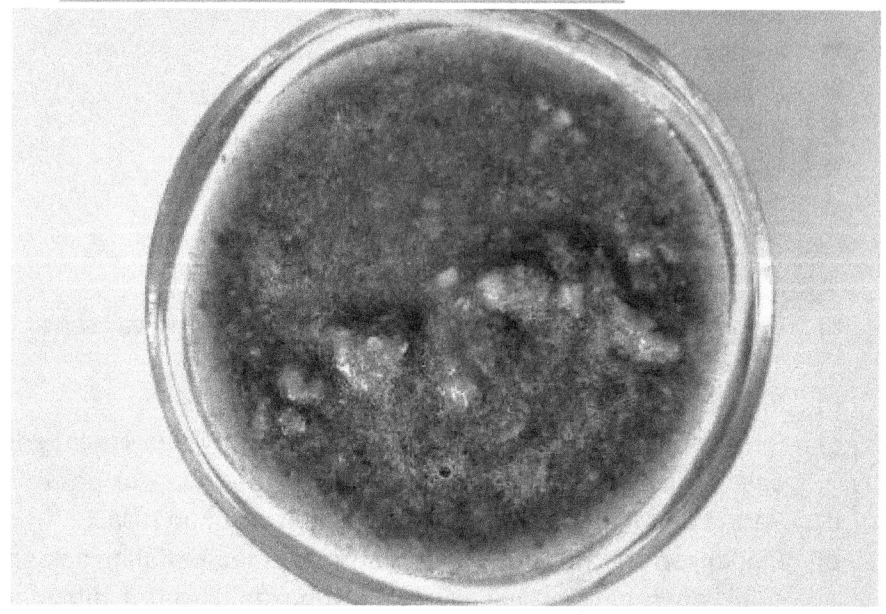

BAHAN-BAHAN:
- 1 cawan daun sage segar
- 1/2 cawan daun thyme lemon segar
- 1/4 cawan walnut, dibakar
- 2 ulas bawang putih
- Perahan dan jus 1 lemon
- 1/4 cawan minyak zaitun extra-virgin
- Garam secukup rasa

ARAHAN:
a) Dalam pemproses makanan, gabungkan daun sage segar, daun thyme lemon, walnut panggang, ulas bawang putih, kulit limau dan jus lemon.
b) Denyut sehingga adunan membentuk pes kasar.
c) Dengan pemproses makanan berjalan, perlahan-lahan gerimis dalam minyak zaitun sehingga adunan sebati.
d) Perasakan dengan garam secukup rasa.
e) Pindahkan sage dan lemon thyme chutney ke dalam balang dan sejukkan sehingga sedia untuk digunakan. Ia adalah iringan yang menarik untuk daging panggang, sayur-sayuran panggang, atau sebagai taburan pada sandwic.

81. Kemangi Dan Kering Tomato Chutney

BAHAN-BAHAN:
- 2 cawan daun selasih segar
- 1/2 cawan tomato kering (dibungkus minyak), toskan
- 1/4 cawan kacang pain, dibakar
- 2 ulas bawang putih
- 1/4 cawan parut keju Parmesan
- 1/4 cawan minyak zaitun extra-virgin
- Garam dan lada sulah secukup rasa

ARAHAN:
a) Dalam pemproses makanan, gabungkan daun selasih segar, tomato kering matahari, kacang pain panggang, ulas bawang putih dan keju Parmesan parut.
b) Denyut sehingga adunan membentuk pes tebal.
c) Dengan pemproses makanan berjalan, perlahan-lahan gerimis dalam minyak zaitun sehingga adunan sebati.
d) Perasakan dengan garam dan lada sulah secukup rasa.
e) Pindahkan basil dan chutney tomato kering ke dalam balang dan sejukkan sehingga sedia untuk digunakan. Ia hebat dilambung dengan pasta, disapu di atas bruschetta atau dihidangkan bersama ayam atau ikan bakar.

82. Tarragon Dan Shallot Chutney

BAHAN-BAHAN:
- 1 cawan daun tarragon segar
- 2 bawang merah, dicincang
- 1/4 cawan cuka wain putih
- 1/4 cawan minyak zaitun
- 2 sudu besar madu
- Garam dan lada sulah secukup rasa

ARAHAN:
a) Dalam pemproses makanan, gabungkan daun tarragon segar, bawang merah cincang, cuka wain putih, minyak zaitun dan madu.
b) Denyut sehingga adunan membentuk pes yang licin.
c) Perasakan dengan garam dan lada sulah secukup rasa.
d) Pindahkan tarragon dan chutney bawang merah ke dalam balang dan sejukkan sehingga sedia untuk digunakan. Ia sesuai dengan daging panggang, ikan, atau sebagai taburan pada sandwic.

83. Lemon Verbena Dan Almond Chutney

BAHAN-BAHAN:
- 1 cawan daun verbena lemon segar
- 1/2 cawan badam, dibakar
- 1 ulas bawang putih
- Perahan dan jus 1 lemon
- 1/4 cawan minyak zaitun extra-virgin
- Garam secukup rasa

ARAHAN:
a) Dalam pemproses makanan, gabungkan daun verbena lemon segar, badam panggang, bawang putih, kulit limau dan jus lemon.
b) Denyut sehingga adunan membentuk pes kasar.
c) Dengan pemproses makanan berjalan, perlahan-lahan gerimis dalam minyak zaitun sehingga digabungkan dengan baik.
d) Perasakan dengan garam secukup rasa.
e) Pindahkan verbena lemon dan chutney badam ke dalam balang dan sejukkan sehingga sedia untuk digunakan. Ia bagus sebagai sapuan pada crostini, dilambung dengan pasta atau dihidangkan bersama sayur-sayuran panggang.

84. Marjoram Dan Hazelnut Chutney

BAHAN-BAHAN:
- 1 cawan daun marjoram segar
- 1/2 cawan hazelnut, dibakar
- 1 bawang merah, dicincang
- 1 sudu besar cuka wain merah
- 1/4 cawan minyak zaitun
- Garam dan lada sulah secukup rasa

ARAHAN:
a) Dalam pemproses makanan, gabungkan daun marjoram segar, hazelnut panggang, bawang merah cincang dan cuka wain merah.
b) Denyut sehingga adunan membentuk pes kasar.
c) Dengan pemproses makanan berjalan, perlahan-lahan gerimis dalam minyak zaitun sehingga digabungkan dengan baik.
d) Perasakan dengan garam dan lada sulah secukup rasa.
e) Pindahkan marjoram dan chutney hazelnut ke dalam balang dan sejukkan sehingga sedia untuk digunakan. Ia lazat dihidangkan dengan daging panggang, makanan laut panggang atau sebagai celup untuk roti berkerak.

85.Oregano Dan Pecan Chutney

BAHAN-BAHAN:
- 1 cawan daun oregano segar
- 1/2 cawan pecan, dibakar
- 2 ulas bawang putih
- Perahan dan jus 1 lemon
- 1/4 cawan minyak zaitun extra-virgin
- Garam dan lada sulah secukup rasa

ARAHAN:
a) Dalam pemproses makanan, gabungkan daun oregano segar, pecan panggang, ulas bawang putih, kulit limau dan jus lemon.
b) Denyut sehingga adunan membentuk pes kasar.
c) Dengan pemproses makanan berjalan, perlahan-lahan gerimis dalam minyak zaitun sehingga digabungkan dengan baik.
d) Perasakan dengan garam dan lada sulah secukup rasa.
e) Pindahkan oregano dan chutney pecan ke dalam balang dan sejukkan sehingga sedia untuk digunakan. Ia bagus sebagai perapan untuk daging panggang, dikacau menjadi sup, atau sebagai topping untuk sayur-sayuran panggang.

FLORAL CHUTNEY

86. Rose Hip Dan Sultanas Chutney

BAHAN-BAHAN:
- 1 paun pinggul naik, atasnya, berekor, dan biji dikeluarkan
- 1 pain cuka
- ½ paun sultana
- 1 paun epal masak, dikupas, dibuang inti, dan dicincang
- 2 sudu teh halia segar parut
- Biji dari 3 atau 4 buah buah pelaga, dihancurkan
- Sekeping sos cili
- 1 ulas bawang putih besar, cincang halus
- ½ paun gula perang lembut
- Jus sebiji limau nipis dan parutan kulit separuh sebiji limau nipis

ARAHAN:
a) Dalam periuk besar, satukan pinggul mawar, cuka sari apel, sultana, epal masak cincang, halia parut, biji buah pelaga yang dihancurkan, sos cili dan bawang putih yang dicincang halus.
b) Bawa adunan hingga mendidih perlahan, kemudian kecilkan api dan reneh selama kira-kira 20-30 minit atau sehingga pinggul mawar dan epal lembut.
c) Masukkan gula perang lembut, jus lemon, dan kulit limau parut ke dalam kuali. Kacau rata untuk melarutkan gula.
d) Teruskan reneh campuran selama 30-40 minit tambahan, kacau sekali-sekala, sehingga chutney pekat mengikut konsistensi yang anda inginkan.
e) Sesuaikan perasa ikut citarasa. Jika anda lebih suka chutney yang lebih pedas, anda boleh menambah lebih banyak sos cili.
f) Setelah chutney telah pekat dan rasa telah meleleh, keluarkan dari api.
g) Biarkan chutney pinggul mawar sejuk sedikit sebelum memindahkannya ke dalam balang yang disterilkan.
h) Tutup balang dan simpan di tempat yang sejuk dan gelap. Chutney akan terus matang dan mengembangkan rasa dari masa ke masa.

87. Lavender Dan Madu Chutney

BAHAN-BAHAN:
- 1/4 cawan bunga lavender kering
- 1/2 cawan madu
- 2 sudu besar jus lemon
- 1/4 cawan air

ARAHAN:

a) Dalam periuk kecil, gabungkan bunga lavender kering, madu, jus lemon dan air.

b) Bawa adunan hingga mendidih dengan api perlahan.

c) Biarkan mendidih selama 5-10 minit, kacau sekali-sekala, sehingga adunan sedikit pekat.

d) Keluarkan dari haba dan biarkan chutney sejuk sepenuhnya.

e) Pindahkan chutney lavender dan madu ke dalam balang dan simpan di dalam peti sejuk. Hidangkan sebagai sapuan pada roti bakar, scone, atau gunakannya sebagai topping untuk yogurt atau ais krim.

88.Kelopak Mawar Dan Buah Pelaga Chutney

BAHAN-BAHAN:
- 1 cawan kelopak mawar segar (pastikan ia tidak disembur)
- 1/2 cawan gula
- 1/4 cawan air
- 3-4 biji buah pelaga, dihancurkan

ARAHAN:
a) Dalam periuk, gabungkan kelopak mawar segar, gula, air, dan buah pelaga yang dihancurkan.
b) Masak dengan api perlahan, kacau sekali-sekala, sehingga gula larut.
c) Besarkan api kepada sederhana-rendah dan reneh selama kira-kira 15-20 minit, atau sehingga adunan pekat kepada konsistensi sirap.
d) Keluarkan dari haba dan biarkan chutney sejuk sepenuhnya.
e) Pindahkan kelopak mawar dan buah pelaga ke dalam balang dan sejukkan sehingga sedia untuk digunakan. Ia sesuai untuk disiram di atas pencuci mulut, dicampur ke dalam koktel atau dihidangkan dengan keju.

89. Elderflower Dan Lemon Chutney

BAHAN-BAHAN:
- 1 cawan bunga elderflower (buang mana-mana bahagian hijau)
- Perahan dan jus 1 lemon
- 1/2 cawan gula
- 1/4 cawan air

ARAHAN:
a) Dalam periuk, satukan bunga elderflower, kulit limau, jus lemon, gula dan air.
b) Bawa adunan hingga mendidih dengan api perlahan, kacau sekali-sekala, sehingga gula larut.
c) Biarkan mendidih lebih kurang 10-15 minit, atau sehingga adunan sedikit pekat.
d) Keluarkan dari haba dan biarkan chutney sejuk sepenuhnya.
e) Pindahkan elderflower dan lemon chutney ke dalam balang dan sejukkan sehingga sedia untuk digunakan. Sedap disiram di atas penkek, dicampur ke dalam yogurt atau dihidangkan bersama ikan bakar atau ayam.

90. Skuasy Blossom Chutney

BAHAN-BAHAN:
- 3 Sudu besar kacang pain
- 2 Sudu besar air yang sangat panas
- Secubit benang kunyit
- 2 cawan bunga skuasy yang dibungkus longgar, kira-kira 12 kuntum
- 1/3 cawan keju Parmigiano parut kasar
- ½ cawan minyak zaitun berperisa ringan
- Secubit garam

ARAHAN:

a) Dalam kuali kering di atas sederhana, bakar ringan kacang pain sehingga ia mula berbau pedas dan sedikit keemasan. Perhatikan mereka dengan teliti supaya mereka tidak menjadi coklat gelap atau terbakar. Pindahkan ke tuala dapur dan ketepikan untuk menyejukkan.

b) Tuangkan 2 Sudu Besar air panas ke atas kunyit dalam mangkuk kecil dan biarkan curam.

c) Tarik benang sari keluar dari bahagian tengah bunga labu dan picit mana-mana batang keras atau daun hijau di pangkalnya. Tarik perlahan-lahan bunga dan ukur 2 cawan yang dibungkus longgar. Letakkan bunga dalam pemproses makanan dan nadi 2 – 3 kali untuk memecahkannya.

d) Masukkan kacang, keju dan kunyit bersama airnya dan nadi sehingga semuanya dicincang kasar. Hidupkan mesin, dan tuangkan minyak zaitun secara perlahan.

e) Berhenti dan kikis bahagian tepi mangkuk mengikut keperluan. Apabila semua minyak sebati, masukkan secubit garam secukup rasa. Jika keju anda masin, kurangkan garam tambahan.

f) Pindahkan ke dalam bekas kedap udara dan gerimis lapisan minyak zaitun yang sangat nipis di atas permukaan.

CILI CHUTNEY

91. panas Cili Chutney

BAHAN-BAHAN:
- 1 Bawang besar
- 2 ulas bawang putih
- 1 3-4" keping halia
- 1 Lemon
- Beberapa cili api yang sangat kecil
- 1 sudu teh Garam
- 2 sudu teh Cayenne lebih kurang, secukup rasa
- ½ hingga 1 sudu kecil lada hitam

ARAHAN:
Potong bawang menjadi batang mancis. Kisar bawang putih atau potong juga batang mancis kecil.
Kupas halia dan potong batang mancis nipis
Masukkan jus lemon, garam dan lada sulah.
Sekarang masukkan haba: serbuk cayenne secukup rasa dan cili api yang dihiris halus. Gaul rata dan sejukkan.

92. Habanero Apple Chutney

BAHAN-BAHAN:
- 2 paun epal memasak;dikupas dan dipotong dadu kecil
- ¼ panci minyak sayuran (bukan minyak zaitun)
- 2 sudu besar Halia segar dihiris halus
- 1 Seluruh kepala bawang putih; dikupas dan dipotong dadu halus
- 2 sudu besar biji sawi putih
- 1 sudu kecil biji Halba; rendam dalam air panas, toskan
- ½ sudu teh lada hitam keseluruhan
- 2 sudu kecil jintan halus
- 2 sudu kecil serbuk cili
- 1 sudu kecil Kunyit
- 4 auns Gula
- 8 auns cecair cuka sider
- 1 sudu besar Garam

ARAHAN:
a) Panaskan minyak dalam kuali anda dan goreng bawang putih dan halia perlahan-lahan sehingga ia mula berwarna, kemudian masukkan rempah yang lain dan masak selama tiga minit lagi. Masukkan cuka, epal, habs, gula dan garam, dan reneh selama kira-kira pecahan sejam sehingga anda mempunyai campuran pulpa yang pekat. Ideanya adalah untuk epal hancur sepenuhnya.

b) Masukkan ke dalam balang panas yang disterilkan, tutup sekali gus dengan penutup kalis cuka dan cuba lupakannya selama kira-kira 2 bulan. Kemudian, nikmati! Ia disimpan dengan baik tanpa penyejukan.

93.Cili Hijau Dan Ketumbar Chutney

BAHAN-BAHAN:
- 10-12 biji cili hijau
- 1 cawan daun ketumbar segar (cilantro)
- 1 sudu besar jus lemon
- 1 sudu kecil biji jintan manis
- Garam secukup rasa
- Air, mengikut keperluan

ARAHAN:
a) Dalam pengisar, satukan cili hijau, daun ketumbar, jus lemon, biji jintan manis, dan garam.
b) Kisar sehingga rata, tambah air mengikut keperluan untuk mencapai konsistensi yang diingini.
c) Sesuaikan perasa mengikut citarasa.
d) Pindahkan ke mangkuk hidangan dan hidangkan bersama snek atau sebagai celup untuk samosa, pakora atau pembuka selera yang lain.

94. Chutney Cili Manis

BAHAN-BAHAN:
- 10-12 biji cili merah
- 1 cawan gula merah atau gula perang
- 1/2 cawan pulpa asam jawa
- 1 sudu kecil biji jintan manis
- 1 sudu teh biji adas
- Garam secukup rasa
- Air, mengikut keperluan

ARAHAN:
a) Dalam periuk, satukan cili merah, jaggery (atau gula perang), pulpa asam jawa, biji jintan manis, biji adas, garam, dan air secukupnya untuk menutup bahan.
b) Masak dengan api sederhana, kacau sekali-sekala, sehingga adunan menjadi pekat dan cili menjadi empuk.
c) Biarkan ia sejuk sedikit, kemudian pindahkan ke pengisar.
d) Kisar hingga sebati.
e) Pindahkan ke dalam balang dan sejukkan. Chutney ini bagus sebagai perasa untuk snek India seperti pakoras, samosa, atau sebagai sos pencicah untuk spring roll.

95.Chutney Cili Kelapa

BAHAN-BAHAN:
- 1 cawan kelapa parut segar
- 6-8 tangkai cili hijau, dihiris
- 1 sudu besar chana dal panggang (kacang cincang)
- 1 sudu besar pes asam jawa
- Garam secukup rasa
- Air, mengikut keperluan

ARAHAN:
a) Dalam pengisar, satukan kelapa parut, cili hijau yang dicincang, chana dal panggang, pes asam jawa dan garam.
b) Masukkan sedikit air dan gaul hingga rata, tambah air jika perlu untuk mencapai konsistensi yang diingini.
c) Pindahkan ke mangkuk hidangan dan sajikan sebagai celup dengan dosas, idlis atau vadas.

96. Chutney Cili Loceng

BAHAN-BAHAN:
- 2 lada benggala merah, dicincang
- 2 biji cili hijau, dihiris
- 1 bawang, dicincang
- 2 ulas bawang putih, dikisar
- 1 sudu besar halia, dikisar
- 1/4 cawan cuka
- 2 sudu besar madu
- Garam secukup rasa
- 1 sudu besar minyak

ARAHAN:
a) Panaskan minyak dalam kuali dan tumis bawang merah, bawang putih dan halia yang dihiris hingga lut sinar.
b) Masukkan lada benggala dan cili hijau yang dihiris, dan masak sehingga lada lembut.
c) Masukkan cuka, madu, dan garam. Masak selama beberapa minit lagi.
d) Biarkan adunan sejuk sedikit, kemudian pindahkan ke dalam pengisar.
e) Kisar hingga sebati.
f) Pindahkan ke dalam balang dan sejukkan. Chutney ini sangat baik sebagai perasa untuk sandwic, bungkus atau daging panggang.

CUTNEY KACANG

97. Chutney kacang

BAHAN-BAHAN:
- 1 cawan kacang tanah panggang
- 2-3 biji cili hijau
- 2 ulas bawang putih
- 1 inci halia
- 1 sudu besar pes asam jawa
- Garam secukup rasa
- Air, mengikut keperluan
- Pembajaan: 1 sudu besar minyak, 1 sudu teh biji sawi, 1 sudu teh urad dal (gram hitam pecah), secubit asafoetida (hinggit), beberapa daun kari

ARAHAN:
a) Dalam pengisar, satukan kacang tanah panggang, cili hijau, bawang putih, halia, pes asam jawa dan garam.
b) Kisar menjadi pes kasar, tambah air mengikut keperluan.
c) Untuk pembajaan, panaskan minyak dalam kuali kecil. Masukkan biji sawi, urad dal, asafoetida, dan daun kari. Biarkan mereka berderai.
d) Tuangkan tempering ke atas chutney dan gaul rata.
e) Hidangkan dengan dosa, idli, atau nasi.

98. Badam Chutney

BAHAN-BAHAN:
- 1 cawan badam, direndam dan dikupas
- 2-3 biji cili hijau
- 1/2 cawan kelapa parut
- 1 sudu besar pes asam jawa
- Garam secukup rasa
- Air, mengikut keperluan
- Pembajaan: 1 sudu besar minyak, 1 sudu teh biji sawi, 1 sudu teh urad dal (gram hitam pecah), secubit asafoetida (hinggit), beberapa daun kari

ARAHAN:
a) Dalam pengisar, satukan badam yang telah direndam dan dikupas, cili hijau, kelapa parut, pes asam jawa dan garam.
b) Kisar menjadi pes halus, tambah air mengikut keperluan.
c) Untuk pembajaan, panaskan minyak dalam kuali kecil. Masukkan biji sawi, urad dal, asafoetida, dan daun kari. Biarkan mereka berderai.
d) Tuangkan tempering ke atas chutney dan gaul rata.
e) Hidangkan dengan dosa, idli, atau nasi.

99.Chutney Kacang Gajus

BAHAN-BAHAN:
- 1 cawan kacang gajus, direndam
- 2-3 biji cili hijau
- 1/2 cawan kelapa parut
- 1 sudu besar pes asam jawa
- Garam secukup rasa
- Air, mengikut keperluan
- Pembajaan: 1 sudu besar minyak, 1 sudu teh biji sawi, 1 sudu teh urad dal (gram hitam pecah), secubit asafoetida (hinggit), beberapa daun kari

ARAHAN:
a) Dalam pengisar, satukan kacang gajus yang telah direndam, cili hijau, kelapa parut, pes asam jawa dan garam.
b) Kisar menjadi pes halus, tambah air mengikut keperluan.
c) Untuk pembajaan, panaskan minyak dalam kuali kecil. Masukkan biji sawi, urad dal, asafoetida, dan daun kari. Biarkan mereka berderai.
d) Tuangkan tempering ke atas chutney dan gaul rata.
e) Hidangkan dengan dosa, idli, atau nasi.

100. Walnut Chutney

BAHAN-BAHAN:
- 1 cawan walnut
- 2-3 tangkai cili merah kering
- 1/2 cawan kelapa parut
- 1 sudu besar pes asam jawa
- Garam secukup rasa
- Air, mengikut keperluan
- Pembajaan: 1 sudu besar minyak, 1 sudu teh biji sawi, 1 sudu teh urad dal (gram hitam pecah), secubit asafoetida (hinggit), beberapa daun kari

ARAHAN:
a) Dalam pengisar, satukan walnut, cili merah kering, kelapa parut, pes asam jawa dan garam.
b) Kisar menjadi pes kasar, tambah air mengikut keperluan.
c) Untuk pembajaan, panaskan minyak dalam kuali kecil. Masukkan biji sawi, urad dal, asafoetida, dan daun kari. Biarkan mereka berderai.
d) Tuangkan tempering ke atas chutney dan gaul rata.
e) Hidangkan dengan dosa, idli, atau nasi.

KESIMPULAN

Semasa kami mengakhiri perjalanan kami melalui " BUKU MASAKAN KEHIDUPAN CHUTNEY," kami berharap anda telah diilhamkan untuk menyelami seni pembuatan chutney dan meneroka perisai yang kaya dengan perisa dan tradisi yang ditawarkan oleh perasa yang digemari ini. Sama ada anda seorang tukang masak yang berpengalaman atau tukang masak yang baru, ada sesuatu untuk dinikmati semua orang dalam halaman ini.

Sambil anda terus mencuba resipi dan perisa chutney yang berbeza, semoga setiap kumpulan yang anda buat membawa kegembiraan, kepuasan dan penghargaan yang lebih mendalam untuk warisan masakan India. Sama ada anda berkongsi chutney dengan orang tersayang, menghadiahkan balang buatan sendiri kepada rakan dan jiran, atau sekadar menikmatinya sebagai sebahagian daripada hidangan harian anda, semoga pengalaman membuat dan menikmati chutney memperkaya hidup anda dan membawa rasa India ke meja anda.

Terima kasih kerana menyertai kami dalam perjalanan yang penuh rasa ini melalui seni membuat chutney. Semoga dapur anda dipenuhi dengan aroma rempah ratus, herba dan bahan-bahan segar, hidangan anda dengan kelazatan chutney yang lazat, dan hati anda dengan kegembiraan memasak dan berkongsi makanan yang enak. Sehingga kita bertemu lagi, selamat membuat chutney dan bon appétit!

www.ingramcontent.com/pod-product-compliance
Lightning Source LLC
Chambersburg PA
CBHW071850110526
44591CB00011B/1364